Helga Schütz

Dahlien im Sand

Helga Schütz

Dahlien im Sand

Mein märkischer Garten

Mit Fotos von Rainer J. Fischer

AUFBAU-VERLAG

DIE BÄUME WAREN VOR UNS MENSCHEN DA. Das trifft nicht nur für meinem Garten zu, sondern für ganz Berlin und seine Umgebung. Sie sind im Sand groß geworden. Auf den Sanderflächen der Oder-Eiszeit. Sie streben hoch hinauf. Woanders sind es die Berge, die eine Verbindung zwischen Erde und Himmel schaffen, bei uns in der Ebene haben die Bäume jene Antennenfunktion übernommen. Sie können bei Bedarf Auskunft geben, was oben geschieht.

Vornehmlich die Pinus silvestris.

Die Waldkiefer, die Pinie, die Föhre, die Arve ... , sie sind auf unserer nördlichen Erdhälfte überall, von den Niederungen bis zum ewigen Schnee, zu Hause. Ich kann verbindlich sagen, daß ich die Tränenkiefer am Brahmaputra, der in Tibet Yarlung Tsangpo heißt, getroffen habe, allerdings nur mannshoch, traulich, wie ein brandenburgisches Weihnachtsbäumchen. Man hat mir erzählt, daß die nämliche Art woanders im Himalaja bis zu 50 Meter hoch wächst.

Mancherorts stehen berühmte Pinien, von Alter, von Ansehen. Zum Beispiel vor dem Geburtshaus des Dichters Pirandello in Agrigento/Sizilien. Dunkelgrün vor blauem Meer und blankem Himmel. So hatte es mir ein Foto mit Feriengrüßen gezeigt. Doch als ich selbst auf einer Sizilientour am Pirandello-Haus vorbeispazierte, war kurz zuvor der Blitz in die legendäre Pinus pinea gefahren. Geblieben war ein grober Scherenschnitt. Schwarze Arme, die sich über das Meer hinüber nach Afrika strecken.

In den Rocky Mountains werden knorrige, bucklig gebeugte Grannenkiefern von Altertumsforschern besucht. Sie sind ein paar tausend Jahre alt, damit gehören diese Bäume zu den ältesten Lebewesen der Erde.

Neben besagten Schönheiten, den Landschaftszierden und Raritäten, gibt es die Heiligen Bäume. Hochverehrt der Ficus religiosa. Es taugen zum Gebet auch Eichen, Platanen, Ölbäume, die Ginkgos mit ihren poesievollen Blättern, allerdings gräßlich stinkenden Früchten, oder, wie ihr Name schon sagt, die Götterbäume. In ihrer Heimat China verehrt, bei uns im zuträglichen Klima sind sie ziemlich rasch wild geworden. Wurzelschößlinge überall, der Götterbaum breitet sich unerwünscht aus. Es sei nicht verschwiegen, daß an manchen schön gewachsenen Bäumen ein häßlicher Makel hängt. An auffälligen Straßenkreuzungen stehen sie, in Grünanlagen genau in der Mitte oder vor Dorfsportplätzen und Festwiesen. Quercus, die Eiche, wächst mit einer schweren Bürde. Man hat sie vor siebzig Jahren als kräftig ins Jahrhundert sprießende Ewigkeitszeichen gepflanzt. Die Hitlereichen. Die Alten vertun sich manchmal. Wenn sie einen Weg beschreiben, fallen sie aus Versehen in die Zeit der Kindheit zurück: Gleich links an der Hitlereiche und weiter immer geradeaus. Die Alten, die das Vergessen noch nicht gelernt haben, sollten sich wie der Philosoph Immanuel Kant einen Merkzettel hinlegen. Er schrieb sich die Namen auf, die er unbedingt vergessen wollte. Die jüngeren Generationen sehen glücklicherweise nur, wie gut diese Bäume auf dem exponierten Platz gewachsen sind, oder sie schimpfen, weil sie den Autoverkehr behindern.

Die Kiefern in meinem Garten sind mindestens fünfzehn Meter hoch. Sie halten Abstand in den unteren Regionen. Weite Räume. Keine Angebote, um eine Hängematte von einem zum anderen Stamm festzumachen. Aber die Kronen zeigen, daß sie sich als Gruppe verstehen. Verschlungenes Gezweig in Himmelsnähe. Längst wollte ich die Kiefern einmal zählen. Doch ich komme nicht weit. Sie stellen sich quer. Meine Kiefern bilden eine Gemeinde. Sie wollen nicht gezählt werden. – Wie Sand am Meer, den man nicht zählen kann vor der Menge. So steht es im 1. Buch Mose.

Wenn ich auch nicht weiß, wie viele es sind, so habe ich doch sofort gemerkt, als eine fehlte. Die Feuerwehr hatte den Baum umgelegt, weil er von einem Kran gerammt worden war. Lange Zeit blieb eine befremdliche Lücke. Das Auge blinzelt. Andere Licht-, andere Schattenzeiten, andere Farben. Das Eichhörnchen hängt verwundert am Ast, weil eine Sprungstation fehlt, am meisten verstört ist der Wind. Niemand im Wege. Kein Instrument zum Spielen. Wo sonst Rauschen war. Nichts.

ICH REDE ALSO VON EINEM WALD. Waldwiese. Waldgras. Moos vor allem. Waldgarten.

Waldgarten, wo gibt es denn so was?

Von Stein- und Berg- und Bauern-, Schreber-, Kräuter-, Terrassen-, Haus- und Heidegärten hat man gehört. Vom Rosengarten in Sanssouci. Den Traumgarten versprechen Ratgeberhefte. Vom Paradiesgarten weiß ein jeder. Gutes und Schlechtes. Apfelbaum. Baum der Erkenntnis. Vertreibung.

In einem Waldgarten gedeihen keine Apfelbäume, überhaupt kein Kern- oder Steinobst. Höchstens ein paar verführerisch süße Himbeeren oder Brombeeren oder sibirische Erdbeeren. In einem Waldgarten findet man wunderbar warme, nach Kiefernnadeln duftende Augenblicke. Man atmet, man verweilt. Man akzeptiert das Krumme und Schiefe. Vergibt Marotten, verzeiht.

Ein Waldgarten ist ein Garten im Wald.

Wo einst auf trockenen Moränenplatten und Talsandterrassen beinahe ausschließlich Kiefern und Traubeneichen zu Hause gewesen sind, im sogenannten Pinoquercetum, dem Lebensraum der Bären und Wölfe, der Jäger und Sammler, wo in später reinen Kiefernforsten die Könige ihre Jagdbeute holten, den nachmaligen Nutzwäldern der Herrenhäuser, den später preußisch verwalteten Forstrevieren: wo heute, nachdem *der Wald durch den Menschengeist hindurchgegangen, um Königspark zu werden,* restliche Baumgruppen mitten in der Stadt den Status Wald immer noch

behaupten, genau an der Stelle sehe ich mich einen Ast aus dem Rhododendrenbusch zerren, Bruchholz, das der Sturm heruntergeholt hat. Ich habe den gebrochenen Ast oben dicht am Stamm seit Tagen beobachtet. Wie er im Wind baumelte. Ich, hinter dem Stubenfenster. Der Mensch rafft sich auf, den Waldgarten zu verteidigen.

Menschengeist, hoffe, nun wieder am Schreibplatz mit Blick ins Geschehen, daß der Sturm, der orkanartige, sich endlich legen möge. Da hilft nur beten. Festbinden und stützen. Das Bewegliche retten. Den Oleander, die Clivie hole ich, bevor die Nacht kommt, ins Haus.

Ende November genießen die Kiefern ein unbestreitbares Ansehen. Den Heimvorteil, den sie von alters her haben.

Die beiden Buchen, die Linde sind mit ihren kahlen Kronen in den Hintergrund getreten. Um einige Schritte nach vorn schreiten die Kiefern. Das hohe Gebälk, die dunkelgrünen Kissen. Über Mittag sticht die Sonne hinein, und dann rückt schon wieder eine Regenfront heran. Ein pflaumenblaues atlantisches Tief. Man kann zusehen, wie das letzte Licht in den Kissen hängt, wie es auf der Wetterseite an den Stämmen herunterfließt. Licht und Regen.

Der Dichter Bertolt Brecht spricht in einem Vers von kupfernen Kiefern, das gilt für solche Augenblicke und für die Frühe. Und für Kiefern im Schnee.

Die Dahlia, das Hätschelkind, glaubt immer noch an den ewigen Sommer, so dunkelrot im dunklen Wetter. Warte nur, wenn die erste Frostnacht kommt, ein Grad unter Null, und die Säfte in den Zellen fließen nicht mehr.

Das will ich der Dahlie ersparen. Ich nehme die schönen Pomponblüten mit in die Stube, die dicke Knolle, die fetten Finger, dank Pferdemist und Regenwasser, mit dem ich, oft dreimal am Tag, gegossen habe, grabe ich bis zum nächsten Frühsommer aus dem Boden. Alles was besonders viel Wasser und dunklen Humus, Pferdemist oder gar Lehm und Kalk haben will zum Gedeihen, braucht besondere Zuwendung, mithin allseits Eigensinn, beinahe Trotz. Rosen, Sommerblumen, Stauden, Phlox, Helianthus, auch die Knollengewächse, wie meine Dahlia. Es ist, weil sie nicht in ein Kiefernwaldrevier gehört.

Wer sich einmal anschaulich vor Augen führen will, wie Vernunft und Verlangen in einem Menschen miteinander streiten, der braucht nur einen Blick in seinen Garten zu werfen. Im schönsten, von der Natur üppig mit kalkhaltigem Lehm ausgestatteten Rosenhag, wo alte englische Sorten und empfindliche Neuzüchtungen wunderbar gedeihen, kümmern die vor drei Jahren trotzig nachgepflanzten Rhododendren. Der Mann im Rosenhag kann es nicht lassen. Die ersten Pleiten galten ihm noch nichts. Diesmal hat er noch mehr Torf und Buchenlauberde und Spezialdünger gekauft. Irgendwann wird er es einsehen, wo sein Paradies ist. Bei den Rosen. Glänzendes Laub, üppige Blüten, wovon andere gärtnernde Menschen, solche wie ich, nur träumen können.

Der Mensch ist unbelehrbar. Bittere Erfahrungen halten ihn nicht auf Dauer bei Vernunft. Er neigt zu Rückfällen. Man kennt das: die Augen sind größer als der Verstand. Der Spruch gilt beim Essen, aber noch mehr im eigenen Garten. Der Mann im Rosenhag hatte die prächtigen Rhododendren im Park von Sanssouci bewundert, und kurz darauf hatte er die Moorbeetgärtnerei in Grüngräbchen besucht. Er hat drei kräftige kleine Büsche mitgenommen und dazu noch einen Katalog. Versand in frostfreien Zeiten auch in kleineren Mengen möglich. Er hat über die Jahre nachbestellt und dreimal zugesehen, wie aus den Büschen blüten- und blattlose Kümmerlinge geworden sind. Der Rosenhagboden und das Klima haben den Rhododendren nicht gefallen.

Einmal habe ich in einem Garten frisch gepflanzten Alpenenzian neben Fingerhut und Erika gesehen. Vielleicht steckte eine romantische Sehnsucht nach Blau hinter dem verwegenen Anbauversuch. Ich kann das verstehen, aber so etwas hat leider keine Chancen.

Auch ich bin rückfällig. Meine Dahlia in dunklem Rot ist mein zweiter Versuch. Die erste Pompondahlienknolle, ein Mitbringsel aus Quedlinburg, hatte ich nahe am Kompost eingegraben. Mäuse hatten von unten und Schnecken von oben gewütet. Auch ich, die größte Schneckenfeindin,

war nicht faul. Bierfallen. Handlese. Aber als ich einmal drei Tage den Garten und so auch die Dahlie allein gelassen hatte, war keine Rettung mehr. Die Schnecken, die Mäuse. Fremdeinwirkung. Für mich noch kein Beweis, daß wir es nicht zusammen geschafft hätten – unter Kiefern, im Halbschatten, mit viel Wasser und verbessertem Boden.

Die neue Knolle hatte mir das Postauto gebracht. Absender: Insel Mainau/Bodensee. Es war, weil ich dort im vergangenen Sommer in das große Dahlienfest mit viel Livemusik, Bratwurst und Mißwahl geraten war.

Die Eintrittskarte ins Blumenparadies galt als Stimmzettel. Gesucht wurde die prächtigste Dahliensorte der Welt. Das Quartier war riesig, die Blüten wie Teller, die Farben reich, wie die Kleider von Barbiepuppen. Am Ausgang wurden die Meinungen eingesammelt. Ohne kam keiner von der Insel.

Im Frühjahr brachte mir die Post ein Päckchen. Meine Sorte Maria Callas, dunkelzyklam, kleinblütig Pompon. Ich sei die einzige gewesen, die dafür eine Stimme gegeben hatte. In Torf verpackt eine gesunde Knolle.

Ich wollte ihr Gedeihen diesmal besser im Auge behalten. Zwischen der großen und der kleinen Sommerazalee grub ich ein Loch in den Sand. Am selben Tag fuhr ich mit zwei leeren Säcken in Richtung Leest, ich wußte, daß man dort einen neuen Pferdestall gebaut hatte, für die Bonner Pferde, die mit dem Umzug der Regierung nach Berlin kommen sollten. Christoph, ein junger Freund von mir, hatte hier in einer Nebenbuchte einen Platz für seine Anastasia und mit dem Tage auch gleich eine Arbeit als Pferdepfleger gefunden. Ich hatte Glück. Christoph war im Stall, und es gab schon Pferde genug, die fleißig Mist machten. Mein junger Freund füllte die Säcke nur mit dem Allerbesten. Äppel, die von der Koppel auf einen separaten Haufen zusammengekarrt worden waren, reine, schon gut verrottete Natur, und er zeigte mir, wie gut die Pferde es hier haben, gefliest, gekachelt, mit warmer Dusche und Solarium. Bespiegelte Reithallen, Klimaanlagen.

Mir war nur wichtig, daß die Tiere ordentlich äppeln. Für den Sandboden und meine Zuwanderer würde Pferdemist fast immer ein Geschenk sein.

Ich mischte den Inhalt der Säcke mit Lauberde, füllte das Loch zur Hälfte, tat die Knolle hinein und machte das Loch mit der guten Mischung zu. Nun vertragt euch aber auch, sagte ich zu dem trockenen Dahlienstengel aus Mainau und zu den knospenvollen altansässigen Azaleen.

Ich wußte, was ich getan hatte. Ich wußte, es konnte meiner Nachbarin nicht gefallen. Der besseren Gärtnerin. Sie hat bis vor kurzem im Botanischen Garten in Berlin-Dahlem gearbeitet. Ich hatte vor etlichen Jahrzehnten in Dresden eine schlichte Landschaftsgärtnerlehre absolviert.

Unsere Gemarkung trennt kein Zaun, keine Grenzhecke. Das hatten wir so beschlossen, als sie anfing, das Gelände nebenan urbar zu machen.

Als zu ihrer rechten Hand siedelnd, mußte ich von Gesetzes wegen gefragt werden, ob ich zur linken meines Gartens Wert lege auf einen Zaun. Ich aber wußte nicht, was an einem Zaun zwischen Kiefern und Birken gut sein soll.

Eine grenzenlose Nachbarschaft, das ist schon mal etwas sehr Gelungenes. Der freie Blick auf das, was drüben gedeiht. Und die Möglichkeit, Meinungen einzuholen.

Ein Gruß, ein Winken, ein ratloses Kopfwiegen. Meine Nachbarin will mir was zeigen. Spaten, Schere oder Gießkanne in der Hand, so treffen wir uns an der Vogeltränke, betrachten das fragliche Kraut, den frischen Trieb. Oder eine ganz neue Plage. Der Phlox ist bis obenhin kahlgefressen. Das Lilienhähnchen. Wir haben Insekten-Bücher, die uns das bestätigen, aber wir haben keine Macht dagegen. An einem anderen Tag: Ich rufe, ich winke, trotz der Frühe, mir will das Herz zerspringen vor Freude. Blüte purpur bis violett, Stengelblätter deutlich gefleckt. Man will es nicht

glauben, ein Knabenkraut auf der Wiese. Genau im Weg zum Komposthaufen. Dactylorhiza?

Aber ob maculata oder traunsteineri?

Jedenfalls eine Orchidee.

Wir stellen die Kannen hin und gehen andächtig auf die Knie, um der kleinen kreuzständigen violetten Blüte ins Auge zu sehen. Nun aber keinesfalls Rasendünger streuen. Keinen Stickstoff! Vielleicht ist es gar eine Ustulata. Es heißt ja, das Brandknabenkraut lebe zehn Jahre versteckt in der Erde. In Symbiose mit einem Pilzgeflecht, um urplötzlich da zu sein. Wie hergezaubert.

Zauberei ist in unserem Gelände sowieso manchmal im Spiel.

EINEN SOMMER LANG habe ich versucht, die rote Dahlie hinter meinem Rücken zu halten. Ich habe mich immer so gestellt, daß das Nachbarinauge nicht direkt darauffallen konnte. Die Dahlie hatte sich freudig, eigentlich fast aufsässig, zwischen den Azaleen behauptet. Mein Rücken und die Topfclivia, die ich als Paravent ins Sichtfeld gerückt hatte, konnten nichts mehr verbergen. Meine Nachbarin guckte höflich vorbei. Besorgt, ob ich neuerdings aus unserem Waldrevier eine Schießbude machen würde. Aber soweit werde ich es nicht kommen lassen. Bei aller Liebe zur Pompondahlie Maria Callas. Auch wenn sie sich noch so anpassungsfähig gezeigt hat. Dankbar für Pferdemist und Regenwasser.

Vorläufig ist es ja sowieso vorbei.

Ein Garten lebt in der Gegenwart und in der Zukunft. Die Vergangenheit ist der Komposthaufen und das rottende Laub unter den Buchen.

Mein Garten zeigt Gemächlichkeit und Tempo. Die Pfingstrosen lassen sich jedes Jahr Zeit. Die kennen keine Pünktlichkeit. Die Sommerferien fangen schon an, als sie endlich blühen. Mein Osterkaktus blüht im September. Erst oder schon, fragen die Spötter. Man wartet im Oktober auf

den dritten Rosenflor. Im Dezember stehen immer noch ein paar Sommerblumen. Cosmeen, Calendula, die Kapuzinerkresse rankt, blüht korallenrot, bis in die Spitze der Zuckerhutfichte. Es ist der Baum für die Lichterkette im Advent. Kerzen und Blüten. Der Kalender will es, das Jahr ist um.

Man erinnert sich an Regenzeiten, die sogar wir im Sand als Plage empfinden, dann wieder an Trockenperioden, wo wir von Tag zu Tag wahrscheinlich unumkehrbar dem Wüstenleben entgegengehen. Trotzdem bleibt immer die Überzeugung, wir leben auf dem besten Platz der Welt, keine Erdbeben, keine Heuschrecken, und es bleibt die Hoffnung auf das nächste Frühjahr, die Neugier, in welcher Farbe es sich diesmal präsentieren wird. Denn jedes Frühjahr kommt anders. Weiß, gelb oder purpur. Nach in meinem Garten waltenden Gesetzen. Ich habe daran kein Verdienst. Meist entscheidet der Februar. Er bestimmt, ob die Azalea praecox blühen wird oder nicht. Er darf frostig sein, aber nicht bitterkalt. Die Sonne steigt aus den kurzen Tagen in merkliche Freundlichkeit. Sie scheint auf die kleinen blühwillig gesprenkelten Büsche. Die Knospen zeigen purpurne Farbe. Die Hauswand gibt Wärme. Die größeren Rhododendren stehen schützend daneben. Sie haben die grünen ledernen Blätter für ein paar Stunden aufgerollt. Die Sonne erreicht die Büsche nun schon am Vormittag. Um die Mittagszeit springt die Temperatur sogar über Null. Eis tropft von der Dachrinne.

Das ist genug, um den restlichen Februar in einen Mai zu verwandeln. Was sonst nur als Metapher für ein prächtiges Frührot in Homers Versen steht, das ereignet sich in meinem Garten. Rosa und Purpur, azaleenfarben, wie Morgenwölkchen, ein Blütenhimmel, ungestört von Wind und Frost. Das restliche Frühjahr schließt sich diesem Auftakt an. Azaleefarbene Primel, Frühjahrsheide, Krokusse, Lerchensporn, Frühlingsplatterbse, alles in Purpur. Aber meist kommt Frost, manchmal sogar Schnee. Schützende Bettlaken, Mülltüten, aufgespannte Knirpse helfen nicht. Die Azaleenknospe wird schlapp und braun. Uns bleibt die Erinnerung und die Hoffnung von Jahr zu Jahr, daß uns jemals wieder ein purpurner Prachtfebruar blühen möge.

Die Alternative bei knackigem Frost im Februar ist weiß. Einzelne Schneeglöckchen, nach etlichen Wochen ist das Weiße im Moos kein Schnee mehr, es sind Krokusse, Dichternarzissen, weiße Anemonen, Märzenbecher.

Wenn die Schneeglöckchen aus wer weiß welchen Gründen in einem Jahr nicht blühen, startet der Krokus auf der Wiese, und das Frühjahr wird gelb. Es gibt dafür keine vernünftige Erklärung, nur eine: Mein Garten will mich überraschen und will mir zeigen, was ihm gefällt. Ton in Ton. Ende April kommen die Leberblümchen und Veilchen. Von da an wird es bunt. Wildtulpen. Hornveilchen. Vergißmeinnicht.

MEIN GARTEN BRAUCHT MICH nicht nur als Wasserspender und Schneckenjäger. Ich bin inzwischen sehr notwendig, um eine Legende zu hüten. Denn ich glaube nicht, daß sich noch andere Leute an die Lindenquelle erinnern. Die Kinder, die mit ihren Kindergärtnerinnen herkamen, um das Wunder zu sehen, sind unterdessen selbst Mütter und Väter. Die meisten sind in Folge des Umbruchs weggezogen, weil jetzt alle, um Arbeit zu finden, mobiler sein müssen. Ich kenne das Wunder in Funktion ja auch nur vom Hörensagen. Wasser sprudelte aus dem Lindenbaum. Direkt aus dem Stamm. Eine biblische Fontäne.

Die Kindergärtnerin konnte ihrer Schar zum Morgenspaziergang Ziele versprechen. Entweder, wir spazieren zur Eisenbahnbrücke und warten dort, bis ein Güterzug kommt, oder, die Kindergärtnerin wechselt die Stimme ins Geheimnisvolle, wir gehen zur Lindenquelle.

Tante, laß mal den Baum auslaufen.

Die Frau des vor Jahren verstorbenen Professors, eine rechte Zauberin und Hüterin des von ihm kultivierten Waldreviers, der Kräuter, Sträucher,

Bäume, der Steine am Terrassenhügel und der Pumpe nebst Wasserleitung, mit weise im Gelände verteilten Zapfhähnen, sie war meist schon zur Stelle. Sie vollzog am dicken Stamm der Linde nur einen ganz kleinen Hokuspokus. Eigentlich nickte sie nur, schob den Ärmel hoch, bückte sich, steckte die Hand in einen Spalt am Stamm, und schon schoß Wasser hervor, spritzte über ihre Gartenschuhe, machte das dunkelblaue Musselinkleid klatschnaß. Der Saum hing schwer. Ein See staute in den Wurzeln, floß über, ergoß sich zu einem Bach bis hin zu den Kindern. Derweil wickelte die Zauberin die Dropse, die sie stets im Ärmel hatte, aus dem Papier und schob die bunten Süßigkeiten in die staunend offenen Kindermäuler. Während die Kinder lutschten, drehte sie den verborgenen Wasserhahn zu. Aus. Ende der Vorstellung.

So stelle ich mir nach den Erzählungen der Anwohner das Wunder vor.

Als ich die Witwe des Professors kennenlernte, saß sie nur noch vor sich hin träumend in einem Ohrensessel an dem Platz, wo heute mein Schreibtisch steht. Eine Messingglocke mit Hasenpfote auf dem Fensterbrett. Damit konnte sie die Betreuerin oder die Nichte rufen. Die Nichte und Erbin, ein Stadtmensch in wollweißem Mantel, Schuhe weiß wie Eierschalen, die zu einem Kaffeebesuch gekommen war.

Bald nachdem ich die alte Dame mit der Hasenpfotenglocke kennengelernt hatte, war sie ihrem Professor nachgegangen. Man hatte sie neben ihm auf dem Goethefriedhof begraben, und ich hatte die Hege des Terrains von der Erbin, der Nichte im wollweißen Mantel, übernommen. Damals habe ich den eingewachsenen, abgesperrten Zapfhahn noch tief im Stamm fühlen können. Damals schon mit einem Holzzapfen dichtgemacht. Heute hat sich die Rinde ganz um das Ereignis geschlossen. Man sieht nichts mehr. Wie man ja auch von Troja nichts mehr sieht und von der innerdeutschen Mauer.

Prof. Max Vollmer, Chemiker und Erfinder, Präsident der Preuß. Akademie der Wissenschaften, so liest man auf dem Schild der nach ihm

benannten Straße im Neubauviertel von Potsdam. Ein Ehrenbürger der Stadt. Die Kiefern, die Eiche, die beiden Buchen in seinem Garten haben ihn überlebt. Er hat die Rhododendronbüsche, die Eiben, die Lebensbäume, die Juniperus chinensis pfitzeriana gepflanzt, die Zukkerhut- und Zwergfichten. Ein Verzeichnis der einst in seinem Haus und im Garten befindlichen Gegenstände, namentlich die Bücherliste, bestätigt es. Sein heimliches Interesse galt Bäumen, Orchideen, Schmetterlingen. Komplette Ausgaben in vielen Bänden, manche vergriffen und manche kostbar. Eins dieser Bücher bestelle ich per Fernleihe, *Schulze: Orchideen Deutschlands*. Damit erfahre ich vielleicht etwas über die Leidenschaften meines Vorgängers, gewiß aber Näheres über die Orchideen auf der Wiese. Mehr als ein Dutzend dicht beieinanderstehende Exemplare zähle ich in diesem Jahr. Achtung, Knabenkraut. So mein Schrei, wenn wieder ein Tolpatsch mit seinen großen Schuhen ausgerechnet dort entlanglatscht. Ich setze ein rotes Fähnchen, bald aber ziehe ich ringsherum kniehohen Kaninchendraht. Ein Schutzgebiet.

Meine Nachbarin glaubt mir die Lindenstory. Laut Meßblatt gehören Linde und eine der Buchen, seit die wollweiße Erbin das Terrain auf den Ämtern hat teilen lassen, dem Nachbargrundstück. Was habe ich für ein Glück mit meinen Nachbarn. Nicht nur, daß sie keinen Zaun setzen wollten, hinzu kommt, daß sie beim Hausbau sämtliche Bäume haben stehen lassen. Sie haben das Schlafzimmer, mithin die Ehebetten, zu aller Gewinn etwas schmaler berechnet, das Dach etwas niedriger, damit der Hemlocktanne kein Leids geschehe. Sogar die Kirschpflaume am Küchenfenster konnte bleiben. Bei offenem Fenster streckt sie die Zweige in die Küche. Das darf sie. Sie sitzt beim Frühstück mit am Tisch.

Die Buche ist ein Treffpunkt. Am dicksten Ast hängen die Schaukeln für die Enkelkinder. In Buchennähe haben wir einen Sandkasten gebaut. Von unseren Fenstern beiderseits gut einzusehen. Wir haben Stühle hingestellt. Die laden ein, den Kindern beim Spielen zuzuschauen, und gleichzeitig den

Maulwurf oder den hochbeinigen Fuchs in Rede zu bringen. Wie im Bilderbuch vom Gänsedieb sieht der, der sich in der Frühe bei uns herumtreibt, nicht aus. Wir sind uns einig. Der Fuchs ist nicht mehr das, was er mal war. Und der Maulwurf sei ja ökologisch betrachtet eigentlich ein gutes Zeichen. Doch lieben wollen wir ihn trotzdem nicht.

Unter der Buche reden wir von der Linde. Wie alt sie sein mag. Wie hoch sie wohl noch hinaus will. Und ob sie dermaleinst ihr Geheimnis preisgeben wird. Man kennt die Gestalten tausendjähriger Linden, die im Kern hohlen Stämme, die das Innere begehbar, für Märchenhelden und Heimatlose sogar bewohnbar machen. Unsere Nachkommen werden den eisernen Zapfhahn als Überbleibsel aus der späten Eisenzeit erkennen. Lauter Spekulationen. Näheres wüßten wir gerne zur botanischen Gattung unserer Tilia. Eine ortsübliche Linde ist sie nicht. Sie gleicht nicht der berühmten Kaiserlinde, die Kaiser Wilhelm II., der gern Parkgestaltungen überwachte, im Tiergarten, später sogar überall auf Chausseen und auf Plätzen pflanzen ließ. Man konnte die Tilia pallida, Typ Lappen, seinerzeit aus einer Baumschule im Rheinland beziehen. Die Berliner Stadtgärtner bestellen heute noch dort, und dieser Tage sogar in größeren Posten, denn die im Osten angepflanzte Silberlinde, ein Ersatz aus östlichen Baumschulen, wird zügig durch das kaiserliche Original ausgetauscht. *Unter den Linden* in Berlin und in anderen östlichen Lindenalleen weit und breit wird man wieder unter Kaiserlinden spazierengehen. Es wird endlich wieder einheitlich rauschen.

Weder die Kaiserlinde West noch die Silberlinde Ost steht in unserem Garten. Die Blätter, auch die Blüten unserer Linde sind kleiner, etwa wie bei der Cordata, der Winterlinde. Aber eine ortsübliche Winterlinde kann es gleichfalls nicht sein. Dann müßte sie duften. Unsere Linde duftet nicht.

Nicht mal der zuverlässige *Göritz: Laubgehölze für Garten und Landschaft* vom Bauernverlag, auf den ich einst als Lehrling gespart hatte, kann das Lindenproblem klären. Der verehrte Autor kann leider nicht mehr gefragt werden. Hochbetagt ist Hermann Göritz gestorben. Aber wir können immer noch in seinen Garten gehen. Sein und seiner Frau

Lebenswerk ist unter Natur- und Denkmalschutz gestellt worden. In der Nähe von Sanssouci ein wundersamer Ort.

Tiere. Vögel. Viele Meisen. Kleiber, die man auch Spechtmeisen nennt, Finken, Stieglitze, die Buntspechte, der Grün- und der Schwarzspecht, verschiedene Drosselvögel, eine Amsel mit weißem Fleck, Nachtigallen. Kuckucksrufe. Hoch in der Kiefer das Nest eines Taubenpaares. Ein Jahr später waren es zwei Paare, die anfingen, ihre beiden Nester zu bauen. Es war ein trauriges, herzzerreißendes, im klassischen Sinne tragisches Jahr. Einem Paar war durch ein Unglück der Partner gestorben. Ich fand das tote Tier hinter einer Klappe am Kellerfenster. Dorthin muß es sich zurückgezogen haben zum Sterben. Ich konnte mir nachträglich erklären, warum tagelang eine Taube auf dem Geländer gesessen hatte. Steinern, nicht wegzuscheuchen. Später saß sie nicht mehr da. Die Zeit hatte befohlen, das Sprichwort – die Wunde sei heil, das Leben habe weiterzugehen. Die Passion der Hinterbliebenen war nun ganz auf das andere Paar gerichtet. Sie wollte in ihrer Naivität als dritte dazugehören. Über einen Sommer kämpfte sie darum. Manchmal hatten die beiden ein Einsehen. Sie duldeten die Dritte auf ihrem Ast. Doch plötzlich wurde mit lautem Spektakel eine davongejagt. Großes Geschrei in den Bäumen, auf der Wiese. Zwei Tauben tippelten pickend und scharrend eng beieinander über den Plan, die andere konnte es nicht lassen, sie pirschte, kreuzte, kratzte sich näher. Weder durch Schnabelhiebe noch Schimpfe zu vertreiben. Mit der Zeit gewöhnten sie sich an das Dreieck. Die Attacken erlahmten. Eine friedliche Resignation bestimmte ihr Leben.

Jahre sind vergangen.

Inzwischen eifern am Morgen Dutzende der sauber glänzenden Vögel in geschlossener Formation über die Wiese, wenn sie auffliegen, ist es ein Schwarm. Auf der weißen Tischdecke, die auf der Leine in der Sonne bleichen sollte, kleistert ein kränkender Schiß. Es ist nicht das erste Mal, daß ich mich beiseite geschoben fühle. Wo ist mein Platz im Gelände? Wo darf ich sein?

Auch den Angriff auf meinen Komposthaufen, den ich in sentimentaler Erinnerung an alte Lehrzeiten mit viel Augenmaß aufgesetzt hatte, luftig,

locker die schwarzrottende Biomasse, ein breitflächig sauberer Pyramidenstumpf, Furche im Scheitel – seine Zerstörung habe ich dem Massenaufgebot der Tauben zugeschrieben. Doch damit hatte ich sie in meinem Zorn überschätzt.

Das Wildschwein geht um. Es kommt über Nacht. Sogar schon zur Dämmerstunde, wie mir ein Hundehalter erzählt hat. Es sollen mehrere sein. Eine Horde. Keiler, Bache und Jährlinge. Man erzählt von Konfrontationen. Ein Labrador-Retriever, der auf Abendspaziergang war, mußte danach beim Tierchirurgen teuer zusammengenäht werden. An einem anderen Abend war ein ausgewachsenes Schwein in einen Swimmingpool gestürzt. Mit Leitern und mit Stangen wurde seine Rettung versucht. Am Ende mußte doch noch die Feuerwehr gerufen werden. Die pumpten mit Schläuchen das Wasser aus dem Pool. Legten so das Schwein trocken. Es floh über einen Brettersteg durch die Straßen in den Wald. Andern Tags wurde eine Radfahrerin auf dem Weg zum Flaschencontainer von einem wechselnden Keiler so erschreckt, daß sie hinfiel und ins Krankenhaus gefahren werden mußte. Meine Nachbarin beklagt ihr Frühlingsbeet unter dem Küchenfenster. Die Erde aufgeschürft. Sämtliche Zwiebeln und Knollen weggefressen. Die Kaiserkronen, die Lilien, von Tulpen, Narzissen, Hyazinthen gar nicht zu reden. Die Rhizome der Anemone vernalis, eine seltene Windröschenart, alles gründlich vernascht.

Wir identifizieren eine Spur. Von der Straße zum besagten Beet, dann an der Garage, am Holzstoß entlang, Trampelmarken im Moos, zielstrebig zum Komposthaufen, den ich jeden Tag neu, trotzig, schwitzend, in korrekte Form gebracht habe.

Der Schnee liefert den letzten Beweis. Die engspurige Fährte. Wildschweine im Garten. Nun mach was.

Das Forstamt zuckt nur die Schultern. Die Polizei hat grade mit der Liebknecht-Luxemburg-Demonstration zu tun. Den Jägern sind in geschlossenen Ortschaften von Gesetzes wegen die Hände gebunden. Das wissen die Viecher inzwischen. Männer in Wildlifejacken kleben rote Punkte in den Stadtplan. Erstellen eine Statistik. Sie erzählen, daß die Schwarzkittel neulich im S-Bahnhof Griebnitzsee gesichtet worden seien.

Am Bahnsteig. Zum Reisen entschlossen. Die Bahn nach Berlin hätte nur etwas länger halten müssen. Dann hätten wir das Problem gelöst. Die Wildlifemänner geben uns ihre Telefonnummer. Umweltamt. Abteilung Artenschutz. Ein Ort, wo wir nächstens vorbeidemonstrieren werden. Wir malen ein Schild und rufen: Wir sind die Art.

Es sind Wochen vergangen. Ich habe es aufgegeben, den Kompost zu richten. Ich akzeptiere Mulden, Scharten, maurische Höhlen. Der Schnee ist geschmolzen. Die Wildschweine kommen nicht mehr. Vielleicht sind sie nun doch verreist.

Im Arztwartezimmer blüht in einer Bodenvase ein Kornelkirschenzweig.

In den Vorgärten sprenkeln Märzenbecher, Schneeglöckchen, erste Krokusse, erste Aurikel aus dem Laub, das vernünftige Leute im Herbst zur Zeit der jährlichen hysterischen Säuberungsaktionen haben liegenlassen.

Das Quartier vor dem Fenster nenne ich Steingarten. Vulkanischer Basalt, Rotsandstein, bunter Granit, einige Quarzbrocken, sogar Marmor habe ich vorgefunden. So hat es der Schöpfer gewollt. So nehme ich es hin, bewundernd und resignierend, weil mir Mut und Kräfte fehlen.

Ein Gebirge mit Stufen. Von der Hausfront ins Gelände abfallend. Den tiefsten Punkt darf ich mit kleiner Übertreibung einen Teich nennen. Mein Wässerchen. Tief genug ist es. Mannstief. Eine Gartenfestfalle. Anziehend für Gäste mit Schwips. Kavaliere können sich bewähren. Hier mußte schon manche silberne Sandale herausgefischt werden. Wenn unsere kleinen Kinder das Laufen gelernt haben, errichten wir über die Jahre, bis sie vernünftig genug und Schwimmer geworden sind, ein hohes Gitter um den Teich. Trotzdem verläßt uns die Sorge in diesen Zeiten nicht. Weil Wasser gar so anziehend ist. Für Pflanzen, Tiere und kleine Kinder. Hier ist das Leben. Ein Teichfrosch hat sich eingefunden. Er quakt. Er beobachtet unseren Schatten. Wir hören das Klatschen, seinen Sprung ins Wasser. Manchmal erkennen wir am nassen Fleck auf dem Stein, wo er grade noch saß. Blaue Libellen blitzen über die grüne Grütze. Maiglöckchen, Hahnenfuß,

Schlüsselblumen im Moos. So ist es in feuchten Jahren. So ist es im Mai zu Zeiten der großen Blüte, bevor die geduldige sandtrockene Periode unserer kieferngrünen Sommer beginnt.

Vor der großen Blüte hat es wieder eine unterirdisch heimliche Abstimmung über die Farbe des Frühlings gegeben. Ich halte mich heraus, befördere oder beeinflusse nichts. Weder durch gekaufte Zwiebeln, die ich im Herbst als ein Quertreiber zwischen den Steinen eingrabe, noch durch längeres Nachdenken oder gar Zweifel. Die vergangenen Frühlinge haben es mich gelehrt. Es muß eine stille Übereinkunft geben. Man trägt Gelb oder Lila, man tendiert in eine angesagte Richtung, man gibt sich den Schein. Es gibt Jahre, da wandelt sich der konsequent lila Teppich der Heide, der Frühlingsplatterbsen, der Krokusse, Primeln, Anemonen und Lerchensporne am Ende der Saison in ein Blau. Das Lila der Leberblume wird zum Blausterneblau.

Dies Jahr deuten die Zeichen auf einen gelben Frühling. Eine Primel zwischen in der Mittagssonne liegenden Feldsteinen geht allem voran. Noch sind die Knospen geschlossen. Aber ahnen lassen sie schon.

Die Schneeglöckchen und Märzenbecher, einzelne zierliche Stengel, hier und dort, nie an der vorjährigen Stelle, stets vom Aussterben bedroht, wollen noch gar keine Richtung angeben. Ihr Weiß ist neutral und bei uns eine wahre Überraschung.

Ich habe ein Schneeglöckchen entdeckt. Wirklich? Wo? Und noch eins an der Treppe. Feine Haarpinselstriche.

Woanders, um ein paar Straßenecken, gilt das Weiß schon als Farbe. Es triumphiert in einem verwilderten Garten, wo in einer Laube unser ortsbekannter Einsiedler und Schneekönig wohnt. Er lädt Kinder und Spaziergänger zum Pflücken ein. Schneeglöckchen, jedes Jahr, unerschöpfliche Felder.

Bald ist es in meinem Revier beschlossene Sache. Gelb. Die frühe Azalee hat es in diesem Jahr nicht geschafft.

Die Primel zwischen den Steinen gibt den Ton an. Andere lassen sich über Nacht von den Steinen die Füße wärmen. Am Morgen: dottergelbe Blüten.

Das vorjährige Paeonienkraut muß nun weggenommen, den jungen Trieben, den Krokusnestern ein wenig ans Licht geholfen werden.

Die Stufen- und Wegsteine muß ich vom Laub freilegen. Bewegung im Quartier. Nichts bleibt stehen. Sogar mit den Steinen geht etwas vor. Sie verschwinden unter Moos, Laub und Erde. Wurzeln haben einen Brocken hochgehoben, sogar gesprengt, Kalkschiefer blättert wie Papier. Verwitterte Tafeln zerbrechen. Scherben. Unterfutter für Blumentöpfe, die ich bald wieder nahe der Hausmauer aufbauen werde. Die Hortensien, die Fuchsien, die überwinterten Pelargonien sollen den zerbröckelten Putz, die Schandflecke an der Hauswand verdecken. Die Topfgalerie nenne ich dann wie die alten Römer sehr schön: Adonisgarten. Ich brauche einen großen Adonisgarten.

Ein Schiefersplitter liegt auf dem Fenstersims. Es ist der Wackelstein für das Bein vom Gartentisch, denn warum sollte der Tisch in diesem Jahr nicht wackeln. So ein flacher Scherben wird über die Saison dringend gebraucht. Es ist nur klug, wenn ich gleich zwei hinlege.

Steine verblühen über die Jahre. Andere wachsen hervor. Ein fremder Brocken ist mit einemmal da. Ja, was machst denn du hier? Das Rotkehlchen sitzt auf dem Holm der Schubkarre, auch das fühlt sich, wie mir scheint, angesprochen. Es kommt noch näher zu mir.

Ich bin mit der Pflanzschaufel auf etwas Hartes gestoßen. Ein Spaten muß her und ein Stück Eisenrohr. Man hört es, man fühlt es. Weder Sandstein noch Schiefer. Quarz könnte es sein. Doch es ist sogar Marmor. Ein Marmorstein, groß wie ein Schweineschinken, der hat metertief unter dem Heidekraut in der Erde gesteckt. Ein besonderer Brocken, das sieht man gleich. Ein Felsenherz oder gar ein Stück von einer Skulptur? Wenn ich nicht wüßte, daß sie den richtigen rechten Ellenbogen von Vater Laokoon bereits gefunden und in den sechziger Jahren gegen den falschen ausgetauscht haben. Damals, jener Laokoonarm war ein Zufallsfund. Ich bin in Gewinnerlaune. Mein appetitlich abgeschliffener Brocken: Hinterteil oder

Mosesschulter oder gar ein atheneschwerer Busen? Der Ellenbogen des Laokoon wurde unter Haufen von Steinen aufgelesen. Wäre nicht der neugierige Kunsthändler Pollock gern mal bei Leuten vom Steinmetzhandwerk eingekehrt, hätte er sich nicht angelegentlich für herumliegende Steine interessiert, nie hätte die Menschheit erfahren, daß der Priester Laokoon seinen Arm eigentlich nicht ausstreckt, sondern daß der Arm, wie es das Fundstück beweist, von der Schlange hinter seinem Kopf in die Beuge gezwungen wird. Der Marmor-Ellenbogen zeigt seit dem Zufallsfund einen wahrlich geknickten Helden. So, und nicht wie wir es über die Zeiten gesehen und geglaubt haben, hatten es die drei Bildhauer aus Rhodos vor 2200 Jahren gewollt. Den Unzeitigen strafen die Götter total. Es paßt sich nicht, wenn einer das Rad aufhalten will, von wegen Troja – dieser Staat sollte nach hohem Beschluß endlich untergehen. Rom sollte blühen. Der Ellenbogen erzählt eindringlicher als zuvor, wie so ein Umschwung für den einzelnen zur Tragödie werden kann.

Mein Marmor liegt mit der kantigen Bruchstelle nach unten im Gras. Es wölbt sich ein Halbrund. Ein Bestandteil, das nirgends vermißt wird. – Ein Busen, der womöglich die Welt erklären könnte. Wenn man nur wüßte, wohin er gehört.

Jemand sagt mir, man kann mit Hilfe von Folie und Beton der Steinwanderung im Steingarten ein für allemal entgegentreten. Ein einfaches Rezept, ich höre zu, höflich. Doch ich denke, man muß den Steinen ihren Spielraum lassen. Man muß sehen, was sie wollen. Beisammensein. Stufen bilden. Säulen. Klüfte. Überhänge. Kamine. Graben, schaufeln, aufstemmen. Der Hinterkopf des Mädchens aus Chios. Die Nase des Olymposathleten. In all den schlichten Klamotten, den wunderlichen Gebilden und schlummernden Wahrheiten nistet sich der Frühling ein. Entschlossen, in Gelb.

Auf feinem, dennoch aufrechtem Stengel sitzt eine gelbe Blüte. Die meisten nennen alles, was so aussieht, Löwenzahn. Aber es ist keiner. Das wenigste, was aussieht wie ein Löwenzahn, ist einer. Die Blühzeit, der Standort könnten noch täuschen, doch der Stengel, die Stellung und Form

der Blätter weisen deutlich auf einen anderen Namen. Es ist das Kleine Habichtskraut, nicht zu verwechseln mit dem Waldhabicht oder dem Doldigen Habicht, dem Ferkelkraut oder dem Bitterkraut oder gar mit dem Löwenzahn.

Vom Kleinen Habicht gibt es inzwischen diverse Sippen. Auf unserer sandigen Wiese ist eine Sippe mit silbersamtenen Blättern zu Hause. Silberne Tochterrosetten sorgen für die Verbreitung. Gelbleuchtende Blüten. Nun schon in meinem Steingarten und in der Nachbarin Staudenrabatte. Die Sippe Hieracium pilosella. Varietas Babelsbergensis, gewinnt an Präsenz.

Als Kind besaß ich ein Herbarium. So nannte ich ein paar Bogen Löschpapier, ein altes Fotoalbum und die Pflanzen, die ich nach einer Anleitung zum Botanisieren aus einem Jahrbuch für Höhere Töchter preßte. Die Pflanze mußte vollkommen sein, mit gewaschenem Wurzelwerk, wohlerhaltenem Laub, einer in ihrer Farbe kenntlichen Blüte, möglichst einer Frucht oder wenigstens deren guter Beschreibung, und sie mußte einen Namen haben. Manchen Namen kannte ich, ich mußte ihn nur mit Tuschfeder unter die Pflanze schreiben und hinzufügen: im Sommer blühend. Wiesenblume, kalkstet. Manchen Namen konnte ich erfragen. Manchen habe ich in meiner Not mit schlechtem Gewissen einfach erfunden. Waldfingerlein. Beißmichnicht. Blaumantel. Der Name war sehr wichtig.

Jedes Geschöpf braucht einen Namen.

Meine Sorgen hatte man auch woanders und lange vor meiner Zeit. Ich war wie erlöst, als ich davon in einem Bibliotheksbuch las, das ich mir freihand aus dem Bestand gegriffen hatte. Diesmal aus dem Naturkunderegal. Die Frau am Tresen kümmerte sich zum Glück nie um meine Auswahl, sie zählte die Bände, stempelte die Leihfrist hinten in die Bücher, so hatte ich den *Zauberberg* von Thomas Mann nach Hause geschleppt, und auch *Carl von Linné: Gattungen der Pflanzen*, vom nämlichen Autor: *Anmerkungen über das Bier* und *Die Meerkatze Diana*.

Linné hatte ein natürliches System entwickelt, mit dem man, die wesentlichen Merkmale einer Pflanze beachtend, auf die Fährte der wahren, verbindlichen Namen kommen konnte.

Natürliches System, wo gibt es denn das? Noch in meiner Gärtnerzeit konnte ich gut mit dem Widerspruch auskommen. Ausnahmen, Einwanderer, Abweichler rechnete ich meiner Schußligkeit zu. Mein Fehler, wenn ich mit der Systematik nicht zurechtkam.

Carl von Linné, ein Schwede, Sohn eines Kommunisters, was nichts anderes hieß, als daß sein Vater der Stellvertreter des Pfarrers war. Diesen Beruf wollte der Sohn nicht ergreifen. Er wurde Naturkundler. Schon seine Zeitgenossen waren der Meinung, er sei vor allem Philosoph und Sprachkünstler. Goethe dachte so von ihm. Heute ahnt man, wie eng seine *Nemesis Divina* dem botanischen Hauptwerk gedanklich verbunden ist. *Du siehst alles konfus gehen, wie niemand es sah* …

Vorläufer des jungen Naturgelehrten Carl von Linné waren die Herbalisten, solche Leute wie ich mit meinem grauen Album. Auch ich hatte versucht, eine gewisse Ordnung in meine Blumensammlung zu bringen. Blütenfarben, Fruchtform, Blattstände, Vegetationszeit, Standort. Auch ich wollte dem großen klugen Muster gerecht werden, nach dem die Schöpfung verfahren war. Man muß, so dachte ich mir, den Plan von der anderen Seite ansehen, wie eine blütenbestickte Tischdecke, da sieht man hinten, wie die Fäden verlaufen, man erkennt, wo etwas Neues beginnt. Beißmichnicht. Blaumantel. Es war nur niemand da, der mir glaubte. Meine Namen fanden keine Verbreitung. Linné hatte schon das meiste mit Namen versehen und in Ordnung gebracht. Ich war ein Nachzügler.

Die Herbalisten hatten auf Bodenbeschaffenheit und Umgebung geachtet, sie hatten gemessen, sortiert, skizziert und gemalt, manche ihrer Blumendarstellungen sind hochgeschätzte Kunstwerke geworden.

Galeriebesucher, Kupferstichsammler freuen sich daran. Nur, leider, kann man die Staubgefäße nicht zählen, erkennt die Kelchblätter nicht.

Carl von Linné hatte sein Augenmerk auf die Blütenformen gerichtet, mithin auf die Organe, die den Pflanzen zu Nachkommen verhelfen. Man unterschied zwischen Sporen- und Samenpflanzen. Teilte bei den Samenpflanzen in Nackt- bzw. Bedecktsamer ein. Unterteilte die Bedecktsamer in Monocotylea, also die, die mit einem Keimblatt den Samen aufbrachen, deren Blattnerven parallel bzw. in Bögen verliefen, und in die zweikeimblättrigen Pflanzen mit vielgestaltigem Laub.

Dem Habitus entsprechend gelangt man, dem Ast der Zweikeimblättrigen folgend, im ersten Zweig zu den Sträuchern und Bäumen, im zweiten zu den Kräutern.

Die Kräuter lassen sich ordnen in die, deren Blütenhüllen nicht in Kelch und Blattkrone gegliedert sind, es gehören allein auf unserem Terrain über siebzig Pflanzenfamilien dazu, zum anderen in die Kräuter mit doppelter Blütenhülle und freiblättriger Blumenkrone mit über sechzig Familien, wir gelangen über die genaue Betrachtung schrittweise immer näher zum Namen, wir sind bei den Kräutern mit doppelter Blütenhülle und verwachsenblättriger Blumenkrone, dazu zählen etwa sechzig Familien, darunter die Eriken und die Primeln.

Die Primulaceae gliedern sich in etwa zwölf Gattungen, zu denen neben den fünf Primelarten der Gauchheil in drei Arten gehört, der Zarte Gauch, der Blaue Gauch und der Gemeine Gauch. Und damit bin ich gradewegs in meinem Garten. Bei den Primeln, aber auch beim Gemeinen Gauch, kniehoch steht er im Gras, nach Carl von Linné trägt er den Gattungsnamen Anagallis, meine Art heißt nach Linné weiter Anagallis arvensis: Blütenblätter ziegelrot, selten fleischrot, rosa oder weiß, Blütenblätter gewimpert, 6–10, Äcker, Gärten bewohnend. Gemeiner Gauchheil.

Durch Carl von Linnés *Systema Naturae* stand ich nicht mehr allein mit meiner gepreßten Blume. Die Natur hatte eine Ordnung. Am Ende des Weges ließ sich für jede Pflanze ein verbindlicher, im System gültiger Name finden. An Linnés Systematik war weitergearbeitet worden. Mit Lupe und Definitionen. Bestimmungsbücher bauten darauf. Sie wurden mit Abbildungen, Skizzen und bestmöglichen Beschreibungen versehen. Ich besaß den *Rothmaler* und die 66. Auflage des *Schmeil-Fitschen: Flora von Deutschland*, 1953, Akademische Verlagsgesellschaft Geest und Portig K. G., Leipzig, Ausgabe der DDR, Vertrieb in Westdeutschland und Westberlin nicht gestattet.

Schön und tröstlich, wenn man ein Kraut auf diese Weise erkannt hatte und nunmehr mit Namen rufen konnte. Ein Glücksgefühl. Doch oft tappte man daneben. Sippen und Unterarten verwirrten, Kräuter, die sich als Fremdlinge an einem Ort eingeschlichen hatten, gaben Rätsel auf. Die Natur stand keinen Augenblick still.

Die unproblematischen Fälle gab es sehr selten. Die Gartenmeister, mit denen wir als Lehrlinge rings um Dresden auf Bestimmungs-Exkursion gingen, fanden allerdings, wir könnten immer noch nicht zwischen einem gesägten und einem gezähnten Blatt unterscheiden oder einer Doldenrispe und einer Doldentraube. Der *Schmeil-Fitschen* war wunderbar, solange die alten Meister recht hatten. Aber manchmal hatten wir recht.

Unordnung, Chaos, Willkür, die herrscht ja sogar in der Physik. Es gibt keine Wellen mehr, nur vage Konturen. Wahrscheinlichkeitswerte. Trotzdem war es ein Professor der modernen Physik, der sich zu Spinozas Satz, den dieser in einem Buch des Weisen Ibn Ruschd gelesen hatte, bekannte: *Gott würfelt nicht!*

Auch Carl von Linné mußte dem Weltschöpfer einfach vertrauen, er mußte vertrauen, daß es innerhalb der Schöpfung auch mit den Artvarianten seine Richtigkeit hatte. Linnés zweifelsfreie Konsequenz hatte die Klassifikation durch das Sexualsystem der Pflanzen zu einem sehr guten Kompromiß gemacht. Bis heute und für meine übersichtlichen Wege.

Auch die Ende des Jahrtausends so berühmt gewordene Acker-Schmalwand oder auch Schotenkresse hat in dieser Ordnung ihren Platz. Als bedecktsamendes zweikeimblättriges Kraut, zur Familie der Brassicaceae gehörend. Arabidopsis thaliana, genannt nach dem Arzt Johannes Thal (1542 bis 1583), der die Flora des Harzes beschrieben hatte.

Die Acker-Schmalwand ist die erste Pflanze, deren vollständiger genetischer Code am 13. 12. 2000 von der Arabidopsis Genome Initiative gleichzeitig in Tokio, Brüssel, Washington und London bekanntgegeben wurde.

Es ist das Kraut, das unverwüstlich zwischen den Steinen auf meiner Terrasse nistet. Ich habe es bisher immer herausgerissen, noch bevor sich die Schoten bilden und womöglich aufbrechen konnten. Ich hatte genug – Unkraut, diese Klassifizierung meidet die Botanik. Die Acker-Schmalwand muß ich, trotz allem Respekt, so nennen. Es ist ein von Mitleid begleiteter Respekt. Denn so ein nicht nur im Äußeren, sondern auch im Inneren ausgeleuchtetes Wesen wird ja damit ziemlich leicht manipulierbar. Wie unsereins, wenn man kein Geheimnis mehr hätte, sich selbst gar kein Rätsel mehr wäre. Also lasse ich das Kraut wachsen, aus Mitleid und weil schon wieder ein Artikel darüber in der Zeitung steht. Kleine weiße Blütendolden. Man hat ein Arabidopsis-Gen in eine Orange verbracht, so trägt die Orange schon im ersten Jahr Blüten und Früchte, und die Züchterei neuer Sorten kann viel schneller gehen.

Linné wollte uns mit dem Versuch der Pflanzenordnung und mit der *Nemesis Divina*, einer Sammlung poetischer Sprüche und Gedanken, die er über Jahre niedergeschrieben hatte, weltanschaulich und moralisch auf die Sprünge helfen ... *Das Schicksal vollbringt sein Werk, raubt uns das Gefühl für den eigenen Tod, damit er sich um so leichter heranschleichen kann, verbirgt er sich sogar unter dem Namen Leben.*

Das bedrückende Gefühl der heutigen Naturwissenschaft kommt nicht daher, daß sie sich im Gegensatz zu Linné und seiner Zeit finaler Kategorien und Willensäußerungen enthält, sondern weil sie in letzter Sekunde etwas sehr Wesentliches zu verschweigen scheint. Als der Dalai Lama zu Besuch im Botanischen Garten in Bern war, hat der Leiter seinen Gast beiseite genommen, um zu fragen, was er denn von gentechnisch gewonnenen Kulturpflanzen hielte. Seine Antwort: Er habe keinerlei Vorurteile und Scheu vor jener visionären Technologie.

Lebe unbescholten, die Gottheit ist nah – diese Zeile von Ovid findet sich als Motto in der *Nemesis Divina* und in der 12. Auflage des *Systema Naturae*, die 1766 erschienen war.

In Linnés Wohnhaus über der Schlafzimmertür entdeckte ich wieder: *Innocue vivito, numen adest* – jenen Spruch von Ovid.

Es war Juni, als ich die Reise unternommen hatte.

Mein Tagebuch erinnert mich, daß mir ein Hund zum Vorbild wurde, als ich gottverlassen und ohne Geld damals auf dem Stockholmer Bahnhof herumstand. Ein reisekundiger, weltgewandter Neufundländer. Effektentaschen umgeschnallt, Freßnapf geschultert, so betrat er eine steile Rolltreppe, die zu den Bahnsteigen führte. Herr, Frau und Kind, ähnlich ausgerüstet, folgten ihm vertrauensvoll nach, er kannte sich aus. So munter wie der Hund und sein Gefolge wollte ich künftig auch unterwegs sein. Ich fing sofort an, unerschrocken trat ich mit meinem Reiseschwedisch vor die Effektförvaring, um den Rucksack bis zur Ankunft des Zuges aus Sundsvall unterzubringen. Ich wartete auf Ulrika, meine Freundin und Übersetzerin. Sie wollte mir Stockholm zeigen, dann wollten wir in Sprüngen nach Norden ziehen. Mit Ulrika und meinem Hundevorbild stand mir Schweden offen.

Uppsala zum Beispiel: die Universität, Dom, Schloß, Gassen, Plätze. Die Stadtschaft der Ingmar-Bergman-Filme.

Botanischer Garten. Linné-Gedenkstätte. Ausstellung. Seine Studienreisen nach Lappland, England, Holland.

Gustavianum mit Anatomischem Theater. Ofvandahls Hovkonditori. Frischgebackene Waffeln, heiße Himbeeren, Sahne, oder sollte man sich ein Linné-Törtchen servieren lassen? Treffen mit Gun Bengtsson, der Übersetzerin meines Hörspiels *Verbriefte Liebe.*

Alt-Uppsala. Heidnische Kultstätten. Begräbnisplatz der Wikinger. Autobusfahrten. Unterwegs nach Hammarby. Wanderung auf schmalen Wiesenwegen. Hohes Gras. Mittsommerblumen. Lerchen steigen aus einem Kornfeld. Singen. Singen hoch oben. Ulrika singt mit. Ihr blaues Leinenkleid, blauer als der Himmel. Sie geht mir voran. Mit den Füßen, den wetterfesten Ballettschuhen, nicht mehr ganz auf der Erde. Sie tanzt, sie schwebt, gleich wird sie fliegen, so denke ich mir.

Ulrika, die Schwedin, die *Jette in Dresden* übersetzt. Sie fragt mich aus, was das ist, ein Bombentrichter. Igelitschuhe, wie soll sie das Nachkriegswort mit den daran klebenden Gefühlen und Erinnerungen ins Schwedische bringen. Ich hatte in der Nähe der Bushaltestelle ein Denkmal für die Kriegstoten des Ortes gesehen. Letzte Eintragung 1712 Gadebusch. Jetzt weiß ich, woran mich Ulrikas Kleid erinnert. An einen blauen Kindermantel. Die Schweden hatten den überlebenden Kindern des Bombenangriffs auf Dresden Kisten mit Kleidern geschickt. Ich besaß über einige Jahre erst einen langen, dann einen ziemlich kurzen blauen Mantel. Einen wunderbaren Mantel. Der Frieden war blau.

Ulrika fliegt in ihrem blauen Leinenkleid im blauen Himmel.

Zwanzig Jahre bis zu seinem Tode hat Carl von Linné in Hammarby in einem Sommerrefugium gelebt. Rings um das Haus, weitläufig, ein üppiger Blumenflor. Akelei, Türkenbund, Margeriten, Pfingstrosen, Lupinen, Glockenblumen. Rosen. Kultur- und Wildpflanzen. Übergang vom Garten in Landschaft. Haus in schwedischem Stil, großzügig, zweckmäßig. Ovids Spruch über der Tür. In den Räumen Porträts der Eltern, Geschwister, des Sohnes. Das schwedische Herrscherpaar Luise Ulrike, eine Schwester Friedrichs II. von Preußen, und Adolf Friedrich.

Bücher. Mappen mit Zeichnungen. Die Utensilien des Naturgelehrten. Eine Tasse mit Blütenmotiv. Es ist seine Blume, die Linnea, ein im Föhrenwald auf trockenem Boden wachsendes fingerkleines Kraut. Rosafarbene Blüte. Er hat ihr seinen Namen gegeben. Die Tapete an der Wand stammt noch aus seiner Zeit. Man kann sie heute noch kaufen. Stilisierte Blume. In den drei Räumen je eine andere Farbe: rosa, blau und purpurrot.

Die blaue Tapete soll mich zu Hause in der Mark an den Mittsommer in Schweden erinnern und an die singende Übersetzerin. Ein Ordnungsversuch, ein Muster, ein Blick von hinten auf die Natur.

Das Tagebuch erzählt noch von manchen Begegnungen, ja beinahe von Abenteuern und Experimenten. Zur Mittsommerfeier habe ich sieben verschiedene Kräuter gepflückt, bin über sieben Zäune gesprungen und dreimal rückwärts um die Kirche von Forsa gegangen. Alles was notwendig ist. Ich habe leider vergessen, wozu mir der Zauber verhelfen sollte. Jeden Tag sind wir für ein paar Stunden mit einer Kanne Himbeersaft und der Übersetzung von *Jette in Dresden* in Ulrikas Boot zu einer stillen Bucht gerudert. Das war ja der eigentliche Grund meiner Reise, die Korrekturen. Manches ist kaum, manches gar nicht übersetzbar. Zum Beispiel die gutgläubige und gleichzeitig schlaue Nachkriegsmoral, die sich nur in Sprachnuancen, in verhaltener Komik, kaum als Meinung ausdrücken läßt.

Bis es dringlicher wurde, daß ich nach Hause fuhr. Der Garten, wer läßt schon gerne seinen Garten im Juni allein. Erwähnen will ich noch, daß ich ein paar Tage nach Hammarby die leibhaftige Linnea fand. Ziemlich nördlich, im Wald von Forsa in der Nähe von Ulrikas Kantorenhaus. Ein liebenswürdiges Pflänzchen, Stengel kriechend, fadenförmig, Blätter rundlich bis eiförmig, Blüten glockig, zu zweien, langgestielt, nickend. Blütenkrone außen hellrosa, innen purpurn gestreift. Familie: Caprifoliaceae, Geißblattgewächse.

Inzwischen ging mir auf der Reise ein wenig der Ruf voraus, daß ich Linné nirgendwo ausließe, daß ich mich sogar schon länger mit ihm beschäftigt hätte. Das freute die Schweden. So kam es, daß mir zum Abschied meist Bücher über Carl von Linné geschenkt wurden. Einmal mit Eintrag: der Linné-Schülerin. Das freute mich.

IM JUNI ENTSCHEIDET SICH, wer das Jahr gewinnt. Der Sommer oder die ewige Hoffnung, der Traum vom Süden, der Regenschirm. Im Juni bekommt das Jahr seinen Namen. Rosenjahr, Erdbeerjahr, Spargeljahr, Kartoffeljahr, Jahr der Koniferen. Ich habe am alten Platz nahe an der Buche eine Handvoll Pfifferlinge gefunden. So darf ich mit kleiner Gewißheit vom Start in ein Pilzjahr reden.

Schneckenjahr, dieser Name scheint leider über allem zu stehen. Die Schnecken haben gewonnen. Ich stehe frühmorgens mit hängenden Schultern. Sie haben sämtliche Sommerblumen niedergefressen. Die frisch gepflanzten Cosmeen einfach über der Wurzel durchgebissen, umgelegt und vertilgt. Von der Calla stehen im Topf nur noch Strünke. Was mir besonders lieb und teuer ist – im Herzen und überhaupt –, das Bewegliche, muß ich auf Bänke, Tische und Simse räumen, das in der Erde Wurzelnde umgebe ich mit sogenannten Schneckenzäunen. Doch die Schnecken in meinem Garten schreckt in diesem Jahr nichts, sie erklimmen einen Kaktus mit stopfnadelspitzen Spießen, um an die hellgrünen Triebe zu kommen. Ich stehe vor dem armen Gerippe meines einzigen Stachelbeerhochstammes, wo sie fest in den Dornen sitzen. Vorgestern hatte das Bäumchen noch ein paar Blätter. Heute ist es kahl. Schneckenzäune, da kichern die nur. Früh von der Verandadecke herab, dorthin ist eine mit sämtlichem Gehäuse gekrochen. Als ich eilends mit Stehleiter und Besen anrücke, ist sie fort, sie sitzt woanders, und zwar nicht, wo man sie vermuten könnte, sondern weit weg und gut versteckt in der Passiflora. Schnekkentempo, die Legende haben sie in die Welt gesetzt, um mich zum Narren zu halten. Schnecke, besteige den Fudschijama, aber langsam. So sagt eine alte Chinesische Empfehlung, die wahrscheinlich nicht mehr gehört wird. Mein Garten ist eine Schneckenburg, und ich bin der einziger Feind. Der Igel, der eigentlich auf meiner Seite sein müßte als ein Schneckenfresser, ist offensichtlich konsequent zum Vegetarier geworden, die Äpfel, die ich abends für ihn mehr als belohnendes Naschwerk denn als Vollkost auf die Steine lege, sind am Morgen von Igelzähnen zernagt, aber die Schnecken leben. Sie geben dem Jahr einen Namen, herrschsüchtig, gefräßig, mit glasigen Schleimspuren. Zerfranste Blätter. Spärliche Blüten. Schneckenjahr.

Was zuviel ist, ist zuviel. Niemand soll mich unterkriegen. Nicht einmal Schnecken. Ich suche ein paar flache Büchsen. Mir ist im Augenblick nichts mehr zu schade. Ich opfere ein gutes Gästebier. Tödliche Tränken. Die

Schnecken fallen darauf rein. Über Nacht ist mein Garten zu einer Mördergrube geworden. Es ist ein guter Rat gewesen: Man kann die Schnecken auf biologische Art mit Bier bekämpfen. Ich kippe die ersäuften Schnecken auf den Kompost aus. Bier ist mir nun ganz und gar verdorben. Für eine Weile kann ich es nicht einmal riechen. Schon ein Bierdeckel erinnert mich an meine Gegner und an meine Schwäche.

Leonardo da Vinci blüht. Eine pinkfarbene Rose, die volle Blüte wie auf niederländischen Blumenbildern. Üppig, aber auf zartem Stengel, Prinzessin und Bauernmädchen, so steht sie vor meinem Fenster und gegen das Wetter, der Regen kann ihr nichts anhaben, in der Sonne ist sie weder bleich noch welk geworden. Knospen springen, ein dunkles Rot, dann rosa, bauschig wolkige Röcke. Seidenleicht. Hinter dem Rosa das zeitige Maigrün, das schon hinüberwechselt ins beständige Zwergfichtengrün und ins bläuliche Lebensbaumgrün. Eine Rose, die lange in Blüte steht und die sich selber reinigt. So versprachen die Kataloge. Ich habe sie am Tage gepflanzt, als meine Enkelin geboren wurde. In einem Pflanzloch, für das ich extra Rosenerde und dazu noch drei Eimer Lehm beschafft hatte. Es gibt Leute, die so etwas, nicht einmal weit von mir, auf dem Grundstück haben. Eine Lehmader. Wenn ich von einer Lehmader höre, bin ich wach und freundlich und froh, wenn man mich mit meinen leeren Eimern zum Lehmholen bittet. Gießen, düngen, die Laubblätter abzupfen, die der Rosenwickler in der Mache hatte, in der Hoffnung, besagten Schädling zu erwischen. Laut Öko-Rezept sollte man ihn einfach davonjagen. Ich habe ihn – eine Wespe soll es sein – noch nie gesehen. So mit allerlei Zuwendung hat Leonardo zu Ehren meiner ebenfalls munter gedeihenden Enkelin im Waldrevier Fuß gefaßt. Anders die Strauchrose Victoria, das Geschenk einer guten Bekannten, deren Garten, besonders die Rosen, nur jedermann aufrichtig bewundern mußte. Ich habe dieser Rose den besten Platz ausgesucht, ich habe ihr Erde gegeben, und sie ist gut gediehen, nur blühen will sie nicht. Soll ich Jahr um Jahr warten? Wie bei der Glyzinie, ebenfalls einem Geschenk, ein Ableger aus Holstein, der mir weit über das Verandadach hinausgewachsen war, den ich mit Dünger und Kompost bedacht, den ich in jedem Frühjahr mit bittendem Blick nach Blütenknospen abgesucht hatte. Bis mir das jährlich vergebliche Hoffen leid war. Mit der Begründung einer Dachrinnenreparatur sollte das Geschenk fallen. Die Glyzinie sollte raus. Der Rückschnitt fast bis zum Stamm war schon besorgt, bodennahe Triebe wucherten über Sommer, sie sorgten über häßliche Hausschäden hinweg für Grün. Verdeckten brökkelnden Putz. Im darauffolgenden Frühjahr, als die Handwerker sich ankündigten, die Axt schon bereit lag, geschah es. Zum ersten Mal nach zehn Geduldsjahren meldeten sich an den Trieben der Glyzinie kleine lila Finger, die Traubenknospen. Die Axt wurde weggeräumt. Ich suchte alte Laken und Decken, die Glyzinie brauchte, solange gebaut wurde, Schutz. Mit großer Erleichterung und Stolz konnte ich nach Holstein melden: Freund, deine Glyzinie blüht. Es war die Wahrheit, man durfte sich verschiedenes darunter vorstellen, drei einzeln hängende Blütentrauben oder ein blaues Meer, wie die Hauswand in der Nähe des Parkeingangs von Sanssouci.

Mit geschenkten Pflanzen, besonders mit Ablegern, Trieben, herangezogenen Tochtergewächsen, eigens kultivierten Sprößlingen hat es eine besondere Bewandtnis. Sie haben, viel stärker als eine selbstgekaufte Pflanze, die Tendenz einzugehen. Und wenn das passiert ist, trägt man einen Stein auf dem Herzen, der wiegt viel schwerer als bei einem gemeinen Verlust, bei einfachem persönlichem Versagen. Es ist, als hätte man die Freundschaft des wohlmeinenden Freundes mißachtet. Man verschweigt das verfaulte, dürre, abgestorbene Kraut, verdrängt, führt den Besuch in andere Räume, plaziert ihn mit Blick in die unverfängliche Gartenecke. Bis man eines Tages den Mut findet, das Malheur zu gestehen. Der Lavendel ist hinüber. Die rote Haselnuß hat sich verabschiedet. Die Dattelpalme, ein Sämling aus dem Hobbygewächshaus des Kollegen, ist vertrocknet, weil ich sie wahrscheinlich totgegossen habe. Man ist ja selbst traurig genug. Die Strittmatter-Pflanze, die im Hause des Verehrten

in ihrer lebhaften rötlich leuchtenden Art sämtliche Fenster zierte, von der ich mir herzlich gern zur Erinnerung eine habe schenken lassen, mit Mühe und viel Zureden hat sie bei mir grade mal einen Winter überstanden. Brecht-Nessel hieß sie bei ihm, weil er sie von Brecht bekommen hatte, bei mir als Strittmatter-Pflanze warf die Brecht-Nessel Blatt um Blatt, neigte den kahlen Stengel zur Erde. Ich weiß nicht, was ihr bei mir gefehlt hat. Mehr Licht vielleicht, denn mein Terrain ist ja von Bäumen umstellt.

Ein geschenkter Schraubenbaum ist durch Tschernobyl umgekommen, durch den Regen in jenem August. Es war warm und trocken, die Wolke aus Osten kam mir gerade recht für den Garten. In Erwartung einer schönen Erfrischung habe ich alles Grünzeug aus der Veranda ins Freie getragen. Derweil kamen die Nachrichten von einem Reaktor-Fallout irgendwo in der Ukraine. Es hieß, man sollte nur mit Schirm ins Freie gehen, die Kinder nicht im Sandkasten spielen lassen und immer schön die Hände waschen. In der Aufregung hatte ich den Garten und den Schraubenbaum draußen vergessen. Er ist von dem Tag auf den anderen dahingegangen. Während die anderen Pflanzen zusammen mit uns in dieser Gegend noch einmal davongekommen waren. Die Lücke, die der Schraubenbaum hinterließ, habe ich rasch mit anderen Töpfen zugestellt. Wie hätte ich sein Ende erklären, gar beweisen können. Das Thema Schraubenbaum habe ich tief in meinem Inneren begraben. Ein Teil Schuld trifft mich ja doch. Und so habe ich mit gemischten Gefühlen, halb dankbar, halb in Sorge, vom nämlichen Geber ein Bryophyllum daigremontianum angenommen, jene Pflanze, die sich durch Adventivknospen am Blattrand vermehrt, die der vertrauensvolle Pflanzenfreund seinerseits wie eine Reliquie aus dem Goethehaus zu Weimar mit nach Hause gebracht hatte. Neuerdings, so höre ich, wurzelt in seinem Wintergarten ein Schiefblatt, das eines Tages mein werden soll. Hoffentlich ist es so robust wie die Goethepflanze, die habe ich schon ein paarmal in einer Blattachsel abgeschnitten und sofort, ohne Wurzelhilfe aus dem Flora-Center, in Erde gesteckt. Die Goethepflanze wächst. Wenn ich wollte, bzw. ein Markt oder wenigstens Interesse da wäre, könnte ich mit den Embryonen, winzigen vollkommen fertigen Pflänzchen, die in Mengen an den Blatträndern sitzen, sogar schon

Wurzeln und Blätter haben, eine Stadt versorgen. Falls man im Goethehaus welche braucht, ich könnte dienen.

Ich kann zudem in meinem Garten mit einem morphologischen Phänomen aufwarten, das den Dichter einmal sehr ins Grübeln gebracht hatte.

Neben der Buche steht eine interessante Digitalis purpurea, ein Fingerhut, der mit dem oberen Blütenstiel durch die Blüte hindurchwächst. Statt eines kleinen rosa baumelnden Hütchens sitzt zuoberst ein umgestülpter, ziemlich großer Schirm, durch dessen Mitte sich wie ein Fruchtknoten eine verdickte Sproßachse schiebt. Goethe hatte in der Zeit seiner botanischen Passionen eine ähnlich sonderbar durchwachsenene Rose und eine Nelke beschrieben.

Die Natur überschreitet die Grenze, die sie sich selbst gesetzt hat, aber sie erreicht dadurch eine andere Vollkommenheit; deswegen wir wohltun, uns hier so spät als möglich negativer Ausdrücke zu bedienen. Die Alten sagten prodigium, monstrum: ein Wunderzeichen, bedeutungsvoll, aller Aufmerksamkeit wert ...

Bevor der Fingerhut verblüht, erstatten wir ihm noch einen Besuch. Der purpurne Schirm aus sieben Blättern ist unterdes welk geworden. Die Kinder haben gelernt, daß so etwas selten vorkommt, aber ob diese kuriose Blume auch Glück bringe, wollen sie wissen, wie ein selten vorkommendes vierblättriges Kleeblatt, so ungefähr.

Selbstverständlich, sagt meine Nachbarin, wer so etwas im Garten hat, der hat Glück. Glückbringen gehört zu den Vorschriften der Natur.

Fingerhüte gedeihen gut im Gelände. Sie dürfen wachsen, wo es ihnen gefällt. Im Steingarten, unter den Bäumen, auf den sandigen Wegen. Zwischen den Farnen. Weiße Hüte hängen in der Eibe, weil sich ein Stengel durch das Geäst gedrängelt hat. Ganz allein lasse ich den Fingerhut aber nicht. Im August, wenn die bohnengroßen Samenkapseln bräunlich trocken geworden und aufgeplatzt sind, wenn die feinen Samen rieseln, reiße ich die Stengel heraus. Damit treibe ich mein Spiel, verteile Purpurtöne, mische Rosa und Weiß, sogar Gelb habe ich in der Hand, dürres Kraut, Samen vom gelben Fingerhut. Ich schwinge die Stengel in weiten Bögen, sehe aus wie eine Beschwörerin, auf daß der Samen fußfassen möge, wo immer er hinfällt.

Fingerhüte für nächstes Jahr, bzw. für das übernächste, denn der Fingerhut braucht zwei Jahre, bevor er blüht. Niedriges Kraut zeigt die Spuren meiner vorjährigen Wünschelrutengänge. Überall Fingerhüte. Mit Fingerhutsamen kann ich allerwärts dienen. Ich bin stolz auf meinen Garten, wenn er in seiner märkischen Kargheit für andere etwas hergibt. Womöglich gar für einen Besucher aus der Börde oder aus Erfurt, aus Gegenden mit Bodenklasse Eins A. Kressesamen. Winde. Glockenblumen. Vom Kompostkürbis habe ich ein Säckchen Kerne. Ich gebe gern, ich freue mich über Wünsche. Farne, die gedrehten, die zartfiedrigen, die Frauenfarne, Rispenfarne, die Rauten, die den Steingarten in Besitz genommen haben. Bis zum letzten könnte ich austeilen, die sind in meinem Garten zu Hause, die wachsen bald nach. Freilandazaleen, Rhododendren, bodenbedeckte Äste haben Wurzeln getrieben, Wurzeln schieben Triebe über die Erde. Schöne Sorten. Wieder sind es die Freunde mit lehmig kalkigen Gärten, die sich ausgerechnet einen Rhododendron von mir erbitten. Ich könnte einen Taxuswald pflanzen, Jungpflanzen habe ich genug. Eichen, Buchen, Kiefern, Birken, Linden, dafür zeigt leider niemand Interesse. Höchstens noch für Taxussämlinge. Einigen bin ich nach Jahren wieder begegnet. Als Friedhofshecke, als stattliche Pyramide, französisch akkurat beschnitten, sogar als flügelspreizender Pfau.

Die Bäume werfen ihre Früchte. Zapfen, Eckern, Eicheln, Nasen, Spindeln. Beeren.

Ich brauche nur einen Tag in der Stube zu bleiben, schon versucht mein im gärtnerischen Sinne eigentlich zurückhaltender Garten das Ruder zu übernehmen. Still und heimlich, mit besagten Sämlingen. Ein Wald soll über mir zusammenschlagen. Es würde sich wohl um einen Ahornwald handeln, im vorigen Jahr hätte wahrscheinlich die Buche gewonnen. Am fleißigsten wächst immer noch die Birke. Die würde nicht nur im Garten, sondern sehr gern auch in der Dachrinne und am Schornstein siedeln, das Gemäuer sprengend. Ich muß aus dem Haus, beizeiten Einhalt gebieten. Ausreißen, verschenken. Manches Bäumchen wächst versteckt in den Büschen. Soll ich faul sein? Nachlässig? Nachsichtig?

Ich schnüre die festen Schuhe.

Und nehme Korb, Säge und Schere.

Kürzlich hat mich ein Gartendirektor durch den Marlygarten im Park von Sanssouci geführt. Der Garten ist immer sehr schön gewesen, nun aber wurde er nach den Plänen der Schöpfer recht auf Vordermann gebracht. Sichtachsen. Rondelle. Genau bemessene, sinnvoll, beinahe hintersinnig geführte Wege. Orakel. Metaphern. Sinnbilder des Lebens. Gabeln, wo man sich entscheiden muß, ins Offene oder in die schützenden Arme des bronzenen Gottessohnes. Kenntliche Stationen. Wege der Einkehr. Aralia elata, ein stachliger aus Japan stammender Busch, für die Engländer Angelica Tree, für die Amerikaner Devil's Walkingstick, soll uns hier an die Dornenkrone erinnern, gemahnen, wie die Euphorbia milii, der im Blumentopf wachsende Christusdorn, oder die Gleditsia, der Straßenbaum mit den langen Dornen, den wir gleichfalls Christusdorn nennen.

Credo meines Begleiters: Die wichtigsten Werkzeuge des Gärtners sind Säge und Schere. Die Äste der Mana-Esche müssen unbedingt zurückgenommen werden. Die stören die Proportionen des Baumes, den Blick in die Ferne, im Zentrum die italienisch anmutende Friedenskirche, links das Gewölbe der uralten Platanen. Wie ein Veduten-Gemälde, so muß es sein.

Der Zufall will es, daß ich kurz darauf Gelegenheit habe, einen Naturgarten in Ranis/Thüringen anzusehen. Hier darf alles wachsen, wie es will. Die Natur selbst ist der Gärtner. Große Haufen mit Holzabfällen. Ein undurchdringlich bewachsener Hügel für Schnecken, eine Mauer für Echsen. Sträucher für Schmetterlinge. Hecht- und Hundesrosen, rote und weiße Pimpinellifolia, Essig- und Apfelrosen, haushoch. Blühende Wildkräuter. Samenschleuderndes Springkraut. Nahe an der Straße ein Trümmerhaufen, Ziegelsteine, Schindeln, Bauschutt, von der Stadtverwaltung fälschlich als wilde Mülldeponie verkannt und gerügt, doch der Schutthaufen hat seinen Sinn. Das ist der Platz für eine ganze Siedlungsgemeinschaft, für Pionierpflanzen, die rücksichtslos hilfreiche Trümmerflora, beachtenswert, mit Namensschildern versehen.

Standortgerechte Vielfalt. Sie versammelt sich nicht von allein. Auch die will, genaugenommen, betreut und gefördert sein. Wie schnell hat sich

der Diptam oder der Türkenbund wieder davongemacht, wenn man den Holunder nicht unauffällig beiseite schiebt. Eine Kastanie würde bald nichts mehr neben sich dulden. Also raus mit dem Sämling.

Zwei Gärten und zwei Prinzipien. Streng sind sie nicht, dafür sorgt die Natur durch Eigensinn und Tempo, dem die Hüter der Prinzipien nicht folgen, höchstens nacheilen können. Um so konsequenter, dabei bewundernswert einleuchtend, verteidigen sie ihre Idee, so daß ich hier wie da gern ein Unterkommen finden würde. In ihren Gärten fühle ich mich wie ein Vagabund, der immer noch nach seiner Heimat und dem rechten Glauben sucht. Hier wie da heimisch und fremd, aber auf beiden Seiten empfänglich für eine Bekehrung.

ZWEI SEELEN LIEGEN IN MIR IM STREIT. Einen Haufen mit schlecht verrottendem Bioabfall habe ich eigentlich auch. Äste, Wurzeln, Palmwedel, vorjähriges Farnkraut, Zapfen. Das Zeug sammelt sich schnell. Weil ich Furcht habe, daß es mir über den Kopf wächst, zündele ich zweimal im Jahr. Am ersten Januar und am Johannistag – damit hebe ich die Abfallbeseitigung ins Rituelle. Mein Feuerchen lodert, um die Geister günstig zu stimmen, und um so vielleicht auch die Gesetze der Stadt zu überlisten. Es gibt keine Paragraphen gegen Geisterbeschwörungen, aber das Verbrennen von Abfällen, Feuer im Garten, war verboten. Neuerdings ist es, den Geistern oder den Gesetzgebern sei Dank, erlaubt. Die Flamme darf einen Meter fünfzig hoch sein. Nur trockenes Brenngut ist erlaubt, damit sich kein Rauch entwickelt, der andere Leute belästigen könnte. Daran halte ich mich, so wie ich mich an die Termine, Johannis und Neujahrstag, halte. Schaden kann es ja nicht, den Geistern zu zeigen, daß wir ihrer gedenken.

Wenn mich Freunde besuchen, die zu Hause einen Garten mit geschnittenen Hecken und getrimmtem Rasen pflegen, kann ich mein Grünzeug nur mit der Naturgärtnerseele verteidigen. Auf der Terrasse wuchern Farne, Hahnenfüße und, nunmehr geduldet, die Acker-Schmalwand. Meine Wiese besteht aus Moos, dazwischen verschiedene Gräser, Gänseblumen, Wegerich, Ranunculus, Margeriten. Viele Arten Klee. Einmal, Ende Juni, wird gemäht. Dann darf sich die andere Seele freuen. Der Garten sieht für drei Wochen aus wie ein schottischer Park oder wie die schönste Ecke von Sanssouci. Ein grüner Teppich. Die abgeblühten Knabenkräuter bleiben als kleine Insel. Der strenge Naturschutz ist aufgehoben. In etlichen Samenkapseln steckt was drin. Das Reifen muß die Sonne besorgen. Ich habe die welken Blütenstände in all den mächtigen Rhododendren ausgebrochen. Ich brauche dafür die längste Leiter und viele Stunden. Man kratzt sich in den mittleren Partien der Büsche fast die Augen aus und stört die Vögel. Es hat eigentlich gar keinen Sinn, aber es sieht schön aus. Sauber. Wenn es gar noch jeden Tag eine Stunde sanft und warm regnet, dann spüre ich, wie mir die Büsche danken. Für die Streicheleinheiten.

Zwei frisch gewaschene Amseln zieren das gestutzte Tableau, eilen, verweilen, zufrieden mit mir. So unversehens kann der Mensch fromm und eitel werden. Dankbare Vögel. Das könnte mir passen.

Die Amseln sind von der Wiese aufgeflogen. Sitzen, als kennen sie mich nicht, mit vollem Schnabel auf dem Ast in der Buche.

Klee, das Kleine Habichtskraut, Braunellen sprießen schon wieder aus dem Moos. Die Kiefern werfen Zapfen.

Ich streue Dünger und verteile Kompost, verrottetes Buchenlaub. Oft hängt es von der Zeit ab, die ich habe, oder von meinen Kräften, wie der Garten sich nennen darf. Fast ein Park oder eine Parzelle im Wald. Im Sommer würden wir sehr gern einen Obst- und Nutzgarten haben. Überall wird geerntet, nur bei uns nicht.

Als die Nachbarn vor Jahren eine Süßkirsche geschenkt bekamen, sollte das anders werden. Sie war schon ein stattliches Bäumchen, das in einem Schrebergarten hatte entfernt werden müssen, weil es den Maßen eines in den Koloniestatuten erlaubten Halbstammes nicht mehr entsprach. Die Kirsche, so hatten die Inspektoren geschätzt, würde deutlich ein Hochstamm werden. Zwischen unseren himmelwärts strebenden

Kiefern schien uns das übertrieben. Wir waren voller Erwartung. Bei uns hatte der Kirschbaum freies Spiel. Wir hatten ihm einen gut präparierten Platz ziemlich genau auf der Grenze des Terrains gegeben. Und hatten uns versprochen, für die Ernte auf der jeweiligen Seite zu sorgen.

Schon im nächsten Jahr sollte es losgehen. Gleich vom Baum den Bauch vollschlagen, in Pflückkörbe ernten, verschenken, einkochen, die obersten Äste den Vögeln lassen. Wie im Garten des römischen Herrschers Lukullus wollten wir leben. Der hatte einst nach dem Sieg über Mithridates im Triumphzug einen mit reifen Kirschen beladenen Baum aus dem Pontus mit nach Hause gebracht. Fortan gab es in Rom Kirschplantagen und Kirschendiebe. Die römischen Mädchen trugen Ohrgehänge aus Kirschen.

Unsere Kirsche, Sorte Lukullus, war ja kein Bäumchen mehr, es war ein Baum. Tatsächlich, im folgenden Jahr konnten wir wie alle Obstbauern in den Plantagen im Havelland von einer sehr guten Blüte reden. Die Kirsche strahlte weiß zwischen den kupfernen Kiefernsäulen. Die Bienen summten. In diesem Jahr ernteten wir neun Kirschen. Wir waren mit dem Ertrag zufrieden. Über die Qualität konnten wir uns noch kein Urteil erlauben, weil wir die Früchte in rötlich blassem Zustand ernten mußten, um den Vögeln zuvorzukommen. Im nächsten Jahr waren die Stare schneller. So ist es geblieben. Mithin, wir wissen immer noch nicht, wie die Süßkirschen von unserem Baum schmecken. Entweder spricht man überall im Obstbau von einer Kirschenflaute, oder die Vögel ernten.

Ich pflanzte eine Pflaume. Bauernpflaume stand auf dem Schild von der Baumschule. So eine Pflaume schmeckt hervorragend. Man kann Mus kochen und Kuchen backen, man kann sie am Baum trocknen lassen, am Baum frosten, dann zu Wein oder Likör veredeln. Die Pflaume blühte. Sie trug an einem hohen Ast eine einzige Frucht, die sogar größer wurde, lila Farbe annahm und reifte. Aber wohl nur, um uns zu zeigen: Bauernpflaume bin ich nicht. Ich erntete, wir kosteten alle davon. Sie schmeckte vorzüglich. Sie hatte gewiß einen königlichen Namen, doch Erträge brachte sie in den nächsten Jahren keine mehr. Nicht eine einzige Pflaume. Auf den Rat von Obstbauern hin kaufte ich ein zweites Bäumchen, schöne pflaumenblaue, leicht bemehlte, im Frühtau strahlende Früchte auf einem Etikett, dazu das Versprechen: Bauernpflaume, ertragreich, wohlschmeckend, vielseitig verwertbar. Ich pflanzte nach Empfehlung der Experten in sieben Meter Abstand zum älteren Baum. Gleichsam in Riech- und Sichtweite der Bienen. Hauswechsel des Blütenstaubes. Das hilft. Hatten die Ratgeber gemeint. Manchmal, hatten sie hinzugefügt. Jetzt sagen sie nur noch Lukas 21, 26: *Warte der Dinge, die kommen sollen.*

Manchmal gedeiht auf dem Kompost ein großer Kürbis, die kleineren werden wie die Gurken von Schnecken und Vögeln gefressen. Wenn wir ab Mai jeden Tag drei Kannen Wasser hintragen, dazu Glück haben, leuchtet Ende August eine erste und meist einzige Tomate rot.

Derweil fallen die Zapfen, segensreich. Unverzagt stürze ich mich darauf. Ich sammle Woche um Woche Körbe und Säcke voll. Für alle, die noch Feueröfen haben. Zundertrockenes Brennmaterial. Ich bin heilfroh, wenn einer mir einen Korb abnimmt. Sonst wächst der Haufen für das Feuer zur Jahreswende.

Jedes Jahr ist ein Zapfenjahr. Während woanders die Kirschen reifen, morgens die Klaräpfel im feuchten Grase liegen, trete ich auf spitzige Kienäpfel. Später dann, an einem heißen Julitag, wenn der Garten den Duft großer Wälder verströmt, harzig, gemächlich, in der Stille knisternd, lockt im Gebüsch die süße sibirische Walderdbeere. Vor Jahren hatte ich ein paar Senker aus einem Nachbargarten mitnehmen dürfen. Die Mutterpflanzen stammen direkt vom Baikalsee, ein heimlicher Import, eine Freundschaftsgabe, noch aus der Zeit der Sowjetunion, genau aus Valentin Rasputins Uferwäldchen. Wo seinerzeit ein Dokumentarfilm gedreht worden war. Herrlicher Baikal und der Schriftsteller Rasputin, was ihm auf der Seele brannte, die Umweltsünden, Raubbau und Gift, die Zellulosefabriken am See. So eine Lippe gehörte sich bei uns in Potsdam damals noch lange nicht. Der Film kam in die Verbotskiste. Dort liegt er wohl noch, als sei das alles Schnee von gestern. Aber die sibirische Walderdbeere gedeiht. Unter der

Birke behaupten sich jedes Jahr ein paar Senker. Blühen und fruchten, eine Kaffeetasse voll Beeren. Das ist viel. Himbeeren, Brombeeren, von der Hand in den Mund, mehr ist nicht zu holen.

Dafür habe ich durch Kiefern und Laub gefilterte Sonnenstrahlen. Verläßlich über die Wiese wandernde Schatten. Zierliche Scherenschnitte. Drei hockende, mit den Flügeln schlagende Kormorane, eine Ballerina auf märchenhaft langen Beinen, tanzende Zipfelmützen. Nach dem Frühstück schleicht ein buckelnder Oberkellner herbei, zögert, tritt auf der Stelle, bis er plötzlich Tablett, Buckel und sogar seinen Kopf verliert. Nach einer Stunde ist er fort. Dann tritt die Sonne über die Krone, zieht, bleibt, bis sie sich hinter der höchsten Kiefer in lauter kindlich huschende Lichter zerstreut. Ich habe einen schattenspielenden Nachmittag. Ich habe die Stille. Sogar der Wasserhahn schweigt. Er hat von allein aufgehört in die Kanne zu tropfen. Ich habe einen treuen Papilio machaon, einen Schwalbenschwanz, der als Schmetterling zu den Rittern gehört. Er kommt immer wieder, um auf einer zartgrünen Mondraute schön auszusehen. Gelb mit schwarzen Intarsien und Bögen, blau getupften Girlanden, zwei purpurnen Augen an den hinteren Flügeln. Vielleicht fühlt er sich auf dem fiedrigen Farn an das Mohrrüben-, Kümmel- oder Dillkraut erinnert, darauf hat er irgendwo in einem Gemüsegarten als schwarze Raupe gesessen, gefressen, dort war er gewiß nicht grade beliebt.

Ich kann das nachfühlen, denn auch bei mir wird gefressen. Die Schnekken sind vom Ärgernis Nummer Eins etwas in den Hintergrund getreten. Kann sein, die Pflanzen sind so weit ins Kraut gewachsen, daß sie nicht mehr so gut schmecken wie junge Triebe, oder die Schnecken sind einfach dieser Tage einmal satt. Dafür ärgert die Rosenwespe. Ich habe sie noch nie gesehen. Ein zierliches eierlegendes Insekt soll es sein. Ich kenne nur ihre schlechte Tat. Sie sticht nach der Eiablage ins Laub. Das Laub rollt sich darauf vom Rand zur Blattrippe hin zusammen. Man ahnt, wohin das führen könnte, zu einem herbstlich kahlen, verkrüppelten Busch. Ich widme mich jedem einzelnen befallenen Blatt. Abreißen, vernichten, ich bin immer zur Stelle, so werde ich es ihnen beweisen: Leonardo da Vinci ist kein guter Ort für Rosenwespen. Der Ampferblattkäfer, der eigentlich am

liebsten im Knöterich sitzt und dort seine unverwechselbaren Fraßspuren hinterläßt, hält sich bei mir an den Phlox. An die schönsten Sorten von Stauden-Förster, die der berühmte Züchter aus Bornim mit dem Spruch: *Ein Garten ohne Phlox ist ein Irrtum*, noch selbst in die Welt gesetzt hatte. Prospero, weiß mit violettem Schleier, Bauernmädchen, dunkelpurpur mit hellem Auge, lauter Paniculatahybriden, in meinem Garten auf kahlgefressenem Stengel. Ob sie überhaupt zur Blüte kommen werden? Ich kann nur hoffen. Denn Stauden-Förster hatte ja recht mit seiner Meinung: *Der Edelphlox ist ein neues Mittel, um den Sommer ans Herz zu nehmen, wenn man den Duft atmet und die Blüten nahe am Gesicht hat, dann ist es, als ob das göttlich-große Kind Sommer seine Wangen an unsere schmiegt ...*

Den Oleander, den mir die Kinder als südliche Sommerfreude aus Bulgarien mitgebracht hatten, wasche ich das dritte Mal mit Lavendelgel, weil schon wieder Blattläuse an den Jungtrieben des inzwischen zwanzigjährigen Kerls sitzen. Winzige gelbe Läuse, nach drei Tagen sind sie wieder da.

Ich sollte aber trotzdem nicht klagen, wenn ich bedenke, wie viele Insekten es überhaupt gibt. Allein wie viele Läusefamilien, davon wieder die Unterordnungen. Wieviel Spinnen. Wespenarten. Heuschrecken sind nicht die einzigen Schrecken. Ohrwurm ist nicht Ohrwurm, man unterscheidet in vieler Hinsicht ärgerliches Zeug, Motten, Stechmücken, Sauger, beißende Ameisen. Aber die meisten Insekten sind uns willkommen. Wenn wir auch keine Ahnung haben, wie sie leben und was sie anstellen, so wissen wir immerhin, der Marienkäfer bringt Glück, die Zikade verspricht Geld und Gesundheit.

Aus der warmen Komposterde auf meiner Schaufel räkelt sich ein dunkelbrauner Käfer in den kühlen Sommermorgen. Die Erde muß nun endlich unter die Büsche gebracht und zwischen den Stauden verteilt werden. Eigentlich hätte ich längst fertig sein müssen, mein Vorsatz: fünf Karren am Tag, zielte auf ein Ende noch vor dem Sommer, nur leider war der

Vorsatz nur ein Vorsatz geblieben, fromm, praxisfern, dem wahren Leben nicht angemessen. Dieser Tage habe ich einen Sondereinsatz gestartet. Der Platz muß geräumt werden für die herbstlichen Laublawinen. Wenn der Juli da ist, muß man an den Oktober denken.

Der Käfer ist eine Imago, mithin ein voll entwickeltes Insekt, an dem alles schon dran ist, Fühler, drei Beinpaare, Flügel, der aber trotzdem gerne noch ein paar Monate geschlafen hätte. Von mir um die Ruhe gebracht, sitzt er in meiner Hand. Mai-, Juni- oder Julikäfer? Meine Nachbarin hält ihn für einen Kopfhornschröter, aber weiblich, weil ihm das Horn fehlt. Experte müßte man sein. Blatthornkäfer-Experte, der sich unter den vielgestaltigen Scarabaeidae auskennt. Wie viele Jahre dauert das Larvenstadium? Wie lange bleibt ein Schröter oder ein Julikäfer im Kompost?

Manchen Engerling, bei dem man schon deutlich den Käfer unter der weißen Haut erkennen konnte, hatte ich im Herbst beim Umsetzen des Komposthaufens wieder im verrottenden Laub vergraben. Ich hatte ein Maikäferjahr geweissagt. Es war ausgeblieben. Es steht uns vielleicht erst im nächsten Frühling bevor.

Meine Nachbarin trägt nun gar einen Käfer mit Horn herbei, dazu einen zweiten, der aussieht wie meiner, ein komplettes Kopfhornschröterpaar. Damit steuern wir vielleicht in ein Schröter-Jahr.

Seit meiner Kindheit habe ich keine Johanniswürmchen, keine Glühwürmchen mehr gesehen. In großer Zahl sind sie damals an Sommerabenden über die dunklen feuchten Wiesen bis zum Waldrand geflogen. Im Zickzack, nicht einzufangen, aber zum Greifen nahe. Unten im Gras hockten die Weibchen, die waren leichter zu kriegen. Im Dunkel der hohlen Hände konnte man das Phosphorband erkennen. Das Leuchten. Auf den Hausbänken saßen die Großeltern mit den Nachbarn, den Rücken am warmem Gemäuer, die Gedanken schwer, doch manchmal wurde trotzdem gelacht. Sie ließen in solchen Glühkäferzeiten den Abend uns zur Freude noch ein wenig dauern.

Bis zu dem Ruf: Schluß jetzt. Und gleich richtig donnernd, die Stimme des Großvaters: Ab in die Falle. Morgen ist auch noch ein Tag.

Er hatte recht. Ein nächster Tag. Ein Sommerabend. Wir streckten die Hände aus. Wir rannten bis dorthin, wo die tanzenden Sterne am schönsten leuchteten, bis vor die dunkle Wand des Waldes. Keinen Schritt weiter. Man hatte von Irrlichtern gehört, einer furchtbaren Verführung. Irrlichter locken in die Finsternis, wo man keinen Heimweg mehr finden würde. Wir rannten von goldenen Funken umschwirrt, so schnell uns die Beine tragen konnten, zurück in die Arme der Alten.

Großvater, was ist hinter dem Wald?

Hinter dem Wald ist nichts mehr. Gar nichts. Hinter dem Wald ist die Stadt.

Später habe ich noch ein einziges Mal Glühwürmchen gesehen. In Sanssouci auf einer Wiese in der Nähe der Römischen Bäder. Ich arbeitete während der Semesterferien dort, um für die richtigen Ferien Geld zu verdienen. Ich hatte schon in den Jahren zuvor mein Talent als Heckenschneiderin bewiesen. Die Taxus- oder Buchenhecken wurden damals noch mit Handscheren in die vorgeschriebene Form gebracht, Französisch Barock, also gespielte Strenge, Englisch Asymmetrisch, mithin: Nachahmung der ungeschmückten Natur, oder Japanisch in, wie es hieß, Geborgter Landschaft. Eine Spezialaufgabe und dazu eine Beschäftigung für die Ewigkeit. War die letzte Hecke geschnitten, hätte ich von vorn beginnen können. Eine Knochenarbeit, weil man ja meist mit der schweren Heckenschere über Kopf hantieren mußte. Vielleicht war ich eher dumm genug für die Schinderei, als daß ich ein besonderes Augenmaß oder gar Talent hatte. Jedenfalls wartete man schon auf mich, meine Schere lag bereit, mein persönlicher Wetzstein, mein Lot, meine Schnur. Vorschußlorbeeren. Ich bildete mir was darauf ein. Mein Werk. Die Hecken, die Kegel, die Pyramiden, die Kugelbäume gehörten mir. Ganz Sanssouci war mein. Bei Tag

sowieso, aber auch bei Nacht. Mein Sanssouci wurde durch mich auch zum Parkett meiner Freunde, aller, die über Sommer in Potsdam geblieben waren. Wir trafen uns auf der Pergola des Schlößchens Charlottenhof, dort hatten wir einen Korkenzieher versteckt, falls einer *Gamza* mitbringen würde. Wir saßen am Brunnen oder am Seerosen-Bassin, die Füße im Wasser, vor uns ländliche Wiesen, mithin freie Sicht zum Neuen Palais. Dort, hinter den Gemäuern und Figurensilhouetten, verzog sich die Sonne allmählich. Hinterließ einen purpurnen Abendhimmel. Das von anderen Talenten, der Heubrigade, noch mit Sense gehauene Gras war über Tag trocken geworden. Heuduft und Dunkelheit. Unsere Fahrräder standen abseits, stützten sich gegenseitig, warteten. Einem Parkwächter, der uns hätte vertreiben wollen, hätte ich nur ein Lächeln geschenkt. Ich, die Heckenschneiderin von Sanssouci.

An so einem lauen Sommerabend war es, da fing es plötzlich im Heu an zu funkeln, und als es dunkel genug war, tanzten lauter Funken mit uns über die Wiese. Zum Palais und zurück. Das Käferleuchten dauerte viele Stunden, aber nur eine einzige Nacht, und deswegen erinnere ich mich an diese Nacht wie an einen Traum.

Sommer für Sommer warte ich die Dunkelheit ab, suche ein winziges Leuchten. Den Kindern habe ich Geschichten erzählt. Sie glauben mir viel. Zum Beispiel, daß eine ausgelassen tanzende Hexe zu Walpurgis in der Nacht bei uns ihren Besen verlor. Er hatte, wie vergessen, unter der Buche gelegen. Das war ein Zeichen, daß sie einmal im Jahr nicht nur auf dem Brocken, sondern auch hier in einem märkischen Garten ihre Spiele trieben, und auch ein Beweis, wie übermütig sie waren. Daß der Besen so aussah wie mein Terrassenbesen, sprach ebenfalls für die Wirrnis, die in solcher Nacht herrschte.

Meine Leuchtkäfergeschichten stützt ein Bilderbuch. Eins mit Knopfbatterie, so etwas gibt es zum Glück. Erst müssen wir Seite für Seite umsonst nach den Glühwürmchen suchen. Traurig. Wir dürfen recht sehr traurig sein. Seite für Seite Dunkelheit. Höchstens das trügerische Bild einer Taschenlampe, eines Autos, eines Katzenauges oder eines Lampions. Bis zum Schluß. Für die letzte Seite schalten wir das Licht aus, finster wie eine Sommernacht vor einem schwarzen Tannenwald muß es sein. Die letzte Seite zeigt, wie sie dort auf der Wiese vor dem Wald schon auf uns gewartet haben, blinkend, flimmernd, Käferschwärme leuchten, hüpfen, fliegen in der Nacht herum, flirren hierhin und dorthin. Jetzt sind wir froh. Aber nicht zu lange, sonst wird die Batterie schwach. Wir wollen uns das Bilderbuch morgen schließlich wieder ansehen. Morgen sollen die Glühwürmchen am Schluß genauso schön für uns funkeln. Falls die Batterie morgen noch Kraft hat.

Glühwürmchen leben im Bilderbuch. Ich hätte sie gerne im Garten, nicht nur als Beweis, daß ich über ihr Wunderleuchten die Wahrheit sage, sondern auch, weil sie es gut bei mir hätten. Die Larven des Phosphaenus fressen nämlich am liebsten Schnecken.

WENN ICH UNTERWEGS BIN, bringe ich gern etwas mit.

Aus Reting/Tibet eine Handvoll Wacholderbeeren, vom Brachland im Gelände der Babelsberg Studios eine Glockenblume. Es ist, weil ich das kommune Spazierengehen und Ferienreisen noch nicht gelernt habe. So etwas muß man wahrscheinlich als Kind trainieren, wie Schwimmen, Radfahren, Schlittschuhlaufen. Wir sind früher auf dem Dorf, wie später im zerbombten Dresden, nur mit einem bestimmten Überlebensziel unterwegs gewesen. Meist mit Rucksack, oft mit Handwagen, um bei der Tante im Nachbardorf eine Wanne Einlegegurken abzuholen, um den Großvater im Städtischen Krankenhaus zu besuchen, auf dem Rückweg wurden Sattlerzwirn, Glühbirnen, Spiritus gekauft, auf einer Wiese an der Oder, wo wir die Zeit bis zur Abfahrt unserer Eisenbahn blieben, wucherte Minze, die echte Piperita, nicht Crispata, die Krauseminze, wie bei uns am

Mühlgraben-Weiher. Piperitawurzeln nahmen wir mit. Die pflanzten wir in unseren Bauerngarten. Echten Pfefferminztee.

Später, über ein halbes Jahrhundert später im Nachbarland Polen, habe ich in der Nähe des Mühlgrabens, der an der Berglehne in Richtung Mühle floß, im Brachland, wo früher Haus, Stall und Scheune, Bienenstand und Birnbaum waren, nach Pfefferminze gesucht. Meine Nase hatte mich darauf gebracht. Als ich mich von der Dorfstraße her durch die Büsche geschlagen hatte, war ich mir sicher, daß ich richtig war. Es roch richtig. Die Natur, die Menschen, das Vieh hatten das Gelände geschliffen, gemodelt. Holunderbüsche. Teppichkurze Schafweide. Die Landschaft war kleiner geworden, als wäre der ganze Globus ziemlich geschrumpft. Die Quelle, die der Großvater zu einem Schöpfbrunnen ausgebaut hatte, war jetzt ein kleines silbernes Rinnsal, das unter einem moosbewachsenen Stein schnell wieder in die Erde zurückkroch. Unerkannt, namenlos. Ich hatte getrunken, ich würde schweigen. Der Duft hatte mich an die Stelle geleitet. Dort im Gras wuchs Pfefferminze, die echte Piperita, die wir von der Breslauer Oderwiese mitgenommen hatten. Der Geruch war so groß wie einst. Ein paar lange Rhizome ließen sich leicht aus dem Boden ziehen. Sie sind bei mir in einer Gartenecke, wo sonst nicht viel los ist, gut untergekommen. Echte Pfefferminze. Inzwischen macht sie sich breit, schiebt sich zwischen Rudbeckien, Astern und bodendeckenden Efeu. So geht das mit den Kräutern. So kommen sie um die Welt. So geraten sie in meinen Garten.

Ich serviere Thé à la menthe oder Couscous-Meeresfrüchtesalat mit viel Pfefferminze. Ein Gericht, das immer gelingt: Eine grüne Gurke und eine Zwiebel am Vorabend in eine Schüssel mittelfein raspeln, so daß sie Wasser abgeben, aber noch Biß haben. In das wäßrige Geraspel eine Tasse Couscous streuen, vermischen, über Nacht in den Kühlschrank stellen.

Andern Tags, wenn man Appetit verspürt oder der Gast bald kommt, die Schüssel herausnehmen. Couscous, Gurke und Zwiebel sind von allein zu einem gabelfesten, aber lockeren Gemenge geworden.

Dazu: Zitronensaft, Salz, Pfeffer, Öl, Knoblauch, wie man es liebt. Ebenso nach Geschmack Meeresfrüchte oder Krabben oder Streifen vom Räucherlachs. Zum Schluß: frische gehackte Pfefferminzblätter, möglichst viel.

DIE WEGE VIELER PFLANZEN und Blumen sind wunderbar. Vor allem die Geschichten darüber, wie sie aus ihren Heimatgefilden zu uns kamen. Abenteuerlich, allein der Weg der Hyazinthe oder der kostbaren Tulpenzwiebeln über Byzanz und Wien, vom Orient in den Okzident nach Holland. Oder der Weg der Dahlie. Hernando Cortez hatte die Blume in den prächtigen Parkanlagen der Azteken gesehen. Es ist verbürgt, daß im Jahr 1789 ein erstes Säckchen Dahliensamen nach Madrid gelangte. Der Direktor des Botanischen Gartens von Mexico City hatte es geschickt. Die Aufzucht in der Alten Welt glückte. Darauf versorgte der Forschungsreisende Alexander von Humboldt die Botanischen Gärten von Paris und Berlin mit Samen. Er hatte die rot und orange blühende Dahlia coccinea während seines Mexiko-Aufenthaltes in 2000 Meter Höhe am Vulkan Jorullo gefunden. Schon nach zwei Jahren konnten in Berlin-Schöneberg, wo damals der Botanische Garten war, und auf der Pfaueninsel, die eine Zeitlang zu einem wahren Kultplatz für Dahlien wurde, 55 verschiedene Sorten bewundert werden. Man hatte zuvor versucht, der Dahlie einen anderen Namen zu geben. Georgine, aber der hielt sich nur in manchen Gegenden, unter Züchtern galt Dahlia, zu Ehren des schwedischen Botanikers Dahl.

Humboldt zeigte seinem Freund Goethe das neue Gewächs, das sehr schön blühte und Knollen ausbildete wie die Kartoffel. Eßbar waren Dahlienknollen leider nicht. Man hatte es versucht. Man wurde nicht krank davon. Sie schmeckten nicht einmal bitter. Sie schmeckten nach nichts. Heute steht die Dahlia variabilis in jedem Schrebergarten, es gibt eine Dahliengesellschaft und Dahlienköniginnen und Gold- und Silberbecher als Preise für die schönsten. Jeder Park, der etwas auf sich hält, hat sein Dahlienquartier, Beete mit alten und jährlich neuen Sorten, Seerosen-, Halskrausen-, Ball-, Pompon-, Kaktusdahlien. Variabilis sagt schon, daß es eine Pflanze ist, die sich gern mal ein anderes Kleid schneidern läßt.

Meine Maria Callas trägt ein tiefes samtenes Rot. Nach vielen guten Worten hat sie sich zum Wachsen und Blühen entschlossen. Außer der Zurede bekommt sie jeden Sonntagmorgen den Rest aus der Düngergießkanne. Ich richte es so ein, daß immer etwas übrigbleibt, wenn ich das

Adonisgärtchen einmal pro Woche dünge. Ich nehme seit der Wende Blühdünger Mairol.

Schon für meinen Großvater war Mairol eine Glaubenssache. Ein alter Gärtner in meiner Nachbarschaft, der an Jugend- und Blütezeiten anknüpfen wollte, hatte gleich wieder angefangen, damit zu gießen, und auch mich für die treue Gemeinde gewonnen. In Mairol – *Qualität aus Tradition seit 1920* – ist alles drin, nicht nur Stickstoff, Phosphor, Kalium, sondern auch die Spurenelemente Vanadium, Zink, Molybdän usw., dazu heutzutage auch Vitamine und Phytohormone. Leider gibt es den Dünger in unserer Nähe nicht mehr in den Geschäften, aber man kann bei Mairol in Gussenstadt anrufen. Sie schicken dann umgehend ein Päckchen, oder jemand von der Mairol-Familie, der grade um Berlin herum zu tun hat, bringt die Flasche vorbei. Die Freundlichkeit der Mairol GmbH und Co. muß man als Wirkstoff den anderen Elementen und Phytohormonen gewiß noch hinzurechnen. Gesundes Grün, reiche Blüte. Ich bin überzeugt.

DEM KLEINEN, STRUPPIG GRÜNEN PINSEL im Blumentopf, den ich aus einem Samen gezogen habe, sieht man noch nicht an, daß er mal ein Himalaja-Wacholder werden will. Ich hatte die Beeren vor Jahren in Tibet in der Nähe der Reting Gompa gepflückt. Mein Freund Wilhelm und ich waren nach einer Fünftage-Anhalter- und Wanderstrecke, die wir von Lhasa aus gestartet hatten, dort bei Gelugpa-Mönchen untergekommen. Mein Tagebuch erzählt von einer Pilgerfahrt in zauberhafter Landschaft, von Enzianwiesen, von Glockenblumen, Fingerkraut, Eisenhut und Rittersporn in klar leuchtenden Farben. Ein Mohnblumenfeld in nie gesehenem Blau. Meconopsisblau. Es ist eine Pflanze, die zur Papaverfamilie gehört. Reife Gerstenfelder. Unser langsames Vorwärtskommen in 5600 Meter Höhe. Das weite Tal des Kyi-chu. Wir gehen flußaufwärts, erreichen am späten Nachmittag den berühmten Hain aus uralten, mindestens

sechshundertjährigen Wacholderbäumen. Lange Steinmauern. Eine Reihe von Chörten. Die wiederaufgebaute Versammlungshalle, Wohnräume, Küche, ein Tempel. Die meisten Gebäude sind noch Ruinen, Zeichen der Zerstörung aus der Zeit der Kulturrevolution.

Die Mönche schöpfen Yakbuttertee in unsere Becher. Sie geben uns Zampa, eine Knetmasse aus Yakbutter und gestampfter Gerste. In der Klosterküche knistert blaue Glut unter einem Wasserkessel, fromm räuchernde Wacholderscheite. Auf unsere Bitte hängt der Feuerhüter, ein kahlhäuptiger Greis in dunkelrotem Mönchsgewand, einen Topf mit unseren Kartoffeln daneben. Er lächelt skeptisch. Legt freundlich ein Scheit auf. Wir sind geduldig und hoffnungsvoll. Wir haben Zeit. Wir wollen vor dem Nachtessen nach Glaubensvorschrift das Gelände der Gompa umwandern. Ein kleiner Junge nimmt mich an der Hand, zeigt uns komischen Typen, was alles zu einem korrekt vollzogenen *Khor-wa* gehört: einen Stein auf einen Steinhaufen legen. Den Chörten mit den Reliquien des Klostergründers Atisha dreimal umrunden. Die Stirn in Ehrfurcht an das zerfallene Gemäuer des Denkmals legen. Vom Stamm eines heiligen Wacholder ein Stück Holz herausschälen. Das Holz wie Brot zerkauen. Einverleiben.

Die Kartoffeln sind nach zwei Stunden immer noch hart. Wir schneiden sie in Scheiben auf ein Blech, ein Klecks Yakbutter dazu, Wacholderbeeren vom heiligen Baum, Pfeffer, Salz aus dem Rucksack. Rösti. Wasser aus einer heiligen Quelle. Man schöpft mit einer geweihten, reich verzierten Messingkelle. Füllt den Becher. Inzwischen stehen Sterne am schwarzen Himmel, so traumhaft nah, so klar, groß, reglos. In verwirrender Ordnung. Durch die andere Stellung im Raum verliert man die Wege, irrt von Stern zu Stern, kennt die Richtungen auf der Erde nicht mehr. Die Wacholderbäume, oval, schwarz, wie schwere Tropfen, die vom Nachthimmel herunterfallen.

Wir schlafen in der Versammlungshalle auf Yakfellen, Yakwolldecken. Am Morgen beim Abschieds-Kohr-wa, der uns für die weiteren Wege Glück bringen soll, pflücke ich eine Handvoll Wacholderbeeren in meine Jackentasche. Juniperus recurva, der Himalajawacholder, ist in seiner Jugendgestalt ein zärtlicher Strauch, ich streife durch das Unterholz, weiches

plüschiges Gezweig, wie Hasenohren. Zwischen den uralten Bäumen, in kleinen Lichtungen Rittersporn, hingepflanzt wie Stauden-Försters allerbeste Sorte.

Die Beeren in meiner Tasche waren für Sauerkrautgerichte gedacht, und dafür haben sie sehr gut getaugt, zumal ich nie vergaß zu erklären, das Gewürz sei selbst gepflückt, von heiligen Bäumen fern von hier im Gehege frommer Gelugpa-Mönche. Die eine Beere sollte nur ein Versuch sein, und sie hat es beinahe ohne meinen Glauben, ohne besondere Sorgfalt geschafft. Im Blumentopf, ein babygrüner Juniperus. Ob er jemals so ein Busch wird wie der Juniperus virginiana am Tor beim Briefkasten, das ist eine Frage an kommende Generationen. Der Busch am Briefkasten allerdings läßt sich nicht lumpen. Einmal ins kräftige Holz gekommen, wächst er so stark, daß sich die Postfrau ein Jahr ums andere beklagt, ich müsse das kratzige Zeug mal zurückschneiden. Die Schere, des guten Gärtners wichtigstes Werkzeug. Mir tut das Stutzen in der Seele weh. Der beanstandete Busch am Tor, den man auch Bleistiftzeder nennt, tritt schließlich in seiner Heimat Virginia als stattlicher Baum auf. Als Sadebaum. Bei mir muß er sich fügen. Zierstrauch, das darf er sein.

WEISSE FLORENTINER STORES LIEGEN WOLKIG fein gesponnen über kniehohem Grün. Blühender Giersch, ein Kraut, das wurzeltreibend den Garten einzunehmen versucht. Meine winzige Allgäuer Fichte, die ich von der Spielmannsaue mitgebracht habe, muß ich dazwischen erst suchen.

Die kleine Fichte mit frischen Maitrieben und ich mit der Zinkenhacke, wir halten mühsam dagegen. Meine Nachbarin findet schließlich ein paar gute Worte für den Giersch. Wenn er blüht, sei er für Sommerblumensträuße gut zu gebrauchen.

Der Juni geht hin, der Giersch verblüht, Sträuße haben wir nicht gebunden.

... die muß man in ein Erden setzen, die nicht gar zu feucht ist, doch in gute Erden an einen windstillen Ort, der nicht viel Sonne hat. Dieser briefliche Rat der Gräfin Hohenlohe an Anna, die gärtnernde Kurfürstin von Sachsen, gilt der Glockenblume, die ich samt Wurzeln vom brachen Gelände des Spielfilmstudios mitgenommen habe. Nicht gerade in der Nähe des Froschteichs, aber sonst kann ich so einen Ort in meinem Garten leicht finden. Nicht viel Sonne, trocken. Eine Schaufel Kompost ins Pflanzloch neben den Steinen gleich an der Terrasse, so habe ich das Kraut mit den blauen Glöckchen immer im Blick.

Ein Pfund von dieser Pflanze, so weiß ich unterdes, verleiht mehr Kräfte als ein Zentner Ochsenfleisch. Außerdem kann man sie, wie es in einem alten Kräuterbuch heißt, als Zauber- und Sympathiemittel verwenden.

Ich werde die Glockenblume nicht essen, ich werde nicht einmal damit zaubern, dafür ist sie in meinem Garten zu selten. Ich habe sie unter Schutz gestellt, mein besorgter Blick, mein ganzes Entzücken ruht auf ihr. Es ist die echte, die wahre Rapunzel. Ich habe es seit Kindertagen geahnt. Rapunzel, das Märchen aus der Sammlung der Gebrüder Grimm, kann mit dem wilden Feldsalat im Rübenacker, einem Salat, den wir heute kultiviert in Pappschachteln vom Gemüsestand holen und den wir Rapunzel nennen, nichts zu tun haben. Wie sollte denn das kleine grasige Grünzeug in den Garten einer Zauberin passen. Glockenblumen sind es, die stiehlt der werdende Vater in seiner Not, um den Heißhunger seiner schwangeren Frau zu stillen. Beim zweiten Mal wird er erwischt. Er darf das würzige Kraut, die Glockenblumen, behalten. Bedingung: Die Zauberin bekommt das neugeborene Kind. Wahrscheinlich hat er hauptsächlich die zarten Blattrosetten und die Wurzeln der vorjährigen Saat genommen. Die Glockenblume ist eine zweijährige Pflanze. Im ersten Jahr kommt das eßbare Grün, im Jahr darauf wächst aus der Blattrosette der Stiel mit den blauen Blüten, die nunmehr Honigtöpfe für Hummeln und Bienen sind. Diese sorgen für die Bestäubung, für Samen, für das Fortbestehen. Die

Erhaltung der Art. Es ist nur klug, wenn die Zauberin wie eine Öko-Bäuerin darauf achtet, daß ihr Garten von Kräuterdieben nicht ganz und gar kahlgeräubert wird.

Anna, die Kurfürstin von Sachsen, war eine tüchtige, experimentierfreudige Gärtnerin.

Ich bin berichtet, so schrieb der Churfürstliche Rat Abraham von Bock, *daß meine liebe Churfürstin ... Lust habe zu allerley fremden Saamen und Gartenwerk, nun habe ich deren aus Indien, Hispania und anderen Orten bekommen ...* Botaniker aus allen Ecken der Alten Welt schickten botanische Neuheiten nach Sachsen. Im Frühling und im Herbst traf täglich Gartenwerk bei der Landesmutter ein. Die Gräfin Lohenlohe sandte einen Bericht über eine neue Pflanze auf die Burg nach Meißen. Sie schickte gleich ein paar Exemplare mit. Eingeschlagen in Erde, Wurzeln der Rebundica, dazu eine Büchse mit Samen. Ein Wundergemüse.

In Kochbüchern der Zeit finden sich Rezepte, wie man einen Rebundica-Salat bereiten sollte. Samt der Wurzeln, denn die schmeckten fein wie Nuß, wie Rahm, wie Kernöl. Wie Steak aus der Lende. Ein Pfund gleich ein Zentner Ochsenfleisch.

Andere Zeiten, anderes Gemüse.

Die wahre Rebundica, nämlich jene Glockenblume, das Geschenk der Gräfin an die Landesmutter Anna, geriet in Vergessenheit, aber man bereitete immer noch Rebundica-Salate. Mit anderen Käutern. Man nahm Schinkenwurz, Oenothera biennis, unsere Nachtkerze, lobte das zarte Wurzelfleisch, überhaupt sei dies der delikateste aller Salate. Auch Familie Goethe aß das Kraut, jedenfalls schickte Goethe Samen an Christiane nach Weimar. So nahm das Durcheinander in den Jahrhunderten seinen Lauf. Ein späterer Biograph der Kurfürstin Anna hielt die Nachtkerze für die Rebundica. Andere hielten gar die Akelei oder den häufig in Annas Umland wild vorkommenden Pontischen Rhabarber oder den Feldsalat für jenes alte sächsische Salatgemüse. Die Nachtkerze oder der Schinkenwurz schied wieder aus, weil man daran dachte, daß diese Pflanze erst nach Annas Zeit aus Amerika nach Europa gekommen war. Bei gezielter Nachforschung, vor allem auch mit Hilfe von Herbarien, Pflanzenzeichnungen und Blumenbildern, die mit den damals korrekten botanischen Namen versehen waren, kam man wieder darauf. Nach Carl von Linné: Campanula rapunculus, Krausblättriges Glöcklein, das ist seinerzeit das Rebundica-Salatgemüse gewesen, das wahre Rapunzel.

Ich hoffe, daß meine Campanula rapunculus guten Samen trägt. Dann mache ich es wie mit dem Fingerhut und den beiden anderen Glockenblumenarten, der Pfirsichblättrigen und der Rauhblättrigen, die überall frei in meinem Garten wachsen, ich gehe mit den reifen Samenkapseln, den trockenen Stengeln wünschelnd herum. Bei gutem Gedeihen werde ich die Pflanze in alter bewährter Weise gebrauchen, ich werde mit den ihr nachgesagten Kräften, wo es mir gefällt, Sympathien einholen, und ich werde vielleicht einmal von den Blättern kosten, vielleicht ein neues Wurzelsalatrezept erfinden, auf jeden Fall den Kindern im Garten das Märchen von Rapunzel erzählen. Wie die Zauberin das Krausblättrige Glöcklein bewacht, eine Weile den Diebstahl ihres Gemüses duldet, endlich aber hart eingreift. Wie der überführte Vater in seiner Not, Ratlosigkeit und zwiespältigen Ergebenheit, um seiner Frau und auch der Zauberin zu gehorchen, das Kind hergibt. Wie das Kind, nach dem Namen der Glokkenblume Rapunzel genannt, im Turm der Zauberin aufwächst, schön, mit langem blondem Zopf, wie ein Prinz eines Tages zum Turm des einsamen schönen Mädchens gelangt, wie sie in Liebe zueinander entflammen, wie der lange Zopf sich als Segen erweist, die Zauberin aber bald erfährt, daß der Prinz an besagtem Zopf zu Rapunzel hinaufsteigt. Viel Leid geschieht, aber am Ende werden durch Rapunzels heiße Tränen die im Dornengestrüpp verletzten blinden Augen des geliebten Prinzen wieder heil. Sie erkennen einander und lieben sich bis ans Ende ihrer Zeit, von der nicht gesagt wird, ob das ein Augenblick oder die Ewigkeit sein wird. Es ist die Liebe, die alle Wirrnisse, Eingriffe fremder Mächte, sogar die grün vegetierenden Kräuter der Gärten überflügelt.

Grade habe ich mich in diesen schönen Gewißheiten und Vorstellungen eingerichtet, da fegt ein Wind hinein. Meine Nachbarin legt den *Rothmaler* auf den Gartentisch. Aufgeschlagene Seite: *Glockenblumen*. Meine Rapunculus sei keine, meine sei nur die am Stengel einseitig mit Blüten bestückte

Rapunculoides. Die Rapunzelglockenblume komme laut Rothmaler wenn überhaupt, dann in Sachsen vor, bei Geithain, Röcklitz, Weißenfels. Blüten wechselständig um den Stengel geordnet. Ich muß es zugeben. Die Abbildung zeigt es gut und zweifelsfrei. In meinem antiquarisch erworbenen *Wünsche-Schorler, Flora Sachsens*, finde ich zudem, daß sich an den seitlichen Blütenstielen, nahe am Grund, zwei Blättchen befinden müßten.

Noch ehe es dunkel wird, schleiche ich verletzten Glaubens mit dem Bestimmungsbuch, meine große mit Beleuchtung ausgestattete Lupe bei der Hand, zu dem bescholtenen Kraut, das ich aus dem Brachland zu mir in den Garten geholt habe. Die Glocken sind verblüht, aber die Kelche, die Kelchblätter sind noch da und zwar, mit bloßem Auge deutlich zu erkennen: wechselständig, nicht einseitig, die beiden Blättchen an den Stielen, die Kelchzipfel wie abgebildet – meine märkische Rapunculus. Ich bin stolz auf das seltene Pflänzchen, hoffentlich habe ich es genug beachtet, gegossen, gestützt, und nicht bloß allerlei Geschichten erzählt.

Im Garten der Nachbarin hat unterdes unüberriechbar eine Lilienzeit angefangen. Unter den Zweigen der Hemlock, schulterhoch, die porzellanfeinen, orange roten Königslilien, daneben würdevoll bescheidene Madonnen und Madönnchen, ihre niedrigen Schwestern. Eingewandert aus der Gartenabteilung vom Baumarkt. Von den Stellagen erlöst. Ein Bild, als hätten sie hier im Abendlicht ihre schönste Bleibe gefunden. Eine Heimat. Mit den Prachtgewächsen vom Center ist es oft eine heikle Angelegenheit, man pflanzt in voller Blüte, hat Mühe, die winterharten übers Jahr wieder zum Wachsen zu bringen. Wie viele Chrysanthemenbüsche, üppig blühende Geschenke, sind vertrocknet oder verfault. Einen einzigen bronzefarbenen Busch habe ich durchgebracht. Er hat sich nach der Massenverzärtelei durch Wachstumshormone und Fermente, mit künstlich weißem Schaumzeug zwischen den Wurzeln, wieder an richtige Erde gewöhnt und auf seine Winterfestigkeit besonnen.

Die Lilien meiner Nachbarin sind wunderbar. Wie von Matthias Grünewald gemalt. Mittelalterlich, Blume der Frommen, der Bauern und der

Könige. Durch die Feldlager der Römer war die weiße Lilie weit in den Ländern Europas verbreitet worden. Doch noch Ende des 19. Jahrhunderts zog Ernest Wilson, ein englischer Botaniker, ins Hochgebirge von Sichuan, um die Königslilie zu suchen. Er stürzte, brach sich das Bein, humpelte fortan, wie er es nannte, sein Lilienhumpeln, aber er hatte Königslilien, Fritillaria imperialis, bei uns auch Kaiserkrone genannt, als Schmuck für die englischen Gärten mit nach Hause gebracht.

Wir fahren ins Gartencenter, meine Nachbarin der neuen Liebe folgend auf Zwerglilienpirsch, ich lasse mich von einem kräftigen Hortensienbusch locken. Die Ansätze der Dolden zeigen einen Hauch von Rot. Es ist nur vernünftig, daß ich nicht auf ein Exemplar mit voll aufgeblühten Bällen fliege. Mein Kauf trägt das Etikett *Bauernhortensie* aus der Familie der Steinbrechgewächse und als Preisschild ein Foto, Blütenwolken, ein üppiges rotes Versprechen, Blumen, wie ich sie in fruchtbaren Gegenden gesehen habe, wie ich sie allerdings auch hinter eisernen Zäunen und sogar vor einem Bürohaus meiner näheren Umgebung in der prallen Mittagssonne bewundern kann. Volle Sonne und Sand und Hortensien. Wie kann das sein? Der Bürohauspförtner sagt: Wir machen gar nichts. Das glaube ich ihm, denn er weiß nicht einmal, daß draußen etwas Größeres blüht. Der Mann an der Straßenecke gießt manchmal einen Eimer Wasser hin und kehrt Blätter und Nadeln, jeden Dreck, vom Weg unter den Busch, so muß er nicht erst eine Schaufel suchen, so muß er sich nicht erst bücken.

Von mir wird immer etwas erwartet. Meine Pflanzen und Büsche stellen Ansprüche – oft über Kulturanweisungen hinaus. Sie zögern mit dem Wachsen und Blühen, um plötzlich mit Lust und wie von allein, vom Sommer bestellt dazusein. Sie überraschen. Damit gewinne ich Mut. Die Hortensie ist ein Wagestück, aus solchem Mut gewonnen. Ein Wagestück aus Übermut, zu dem ein Gartencenter ganz leicht verführt. Man fährt hin und nimmt aus der Masse. Hält sich an die Ratschläge auf der Rückseite des vielversprechenden Bildes, gräbt das Pflanzloch in doppelter Breite und Tiefe des Wurzelballens, kürzt die Hauptwurzeln, entfernt loses Gefaser oder künstliches Schaumzeug, füllt mit guter feinkrümeliger Erde auf, tut auf eigene Kappe, um das Bild irgendwann zu übertreffen, ein Schäufelchen Hornspäne dazu, formt eine Gießmulde und wässert mehrmals gründlich, nach Anleitung: auch bei Regen. Manchmal hat man Glück. Manchmal hält man frisches Grün eine Weile dafür.

UM IM KELLER EINE WAND AUSZUBESSERN, wurde mir vor Jahren ein Kieshaufen angefahren. Kies kann man immer gebrauchen. Also lieber etwas mehr, also blieb ein ziemlicher Rest. Wir karrten den übriggebliebenen Kies hinter die Büsche, zum Hackklotz, zu den aufgetürmten Ziegelsteinen, die man ebenfalls immer gebrauchen kann, wenn nicht in den vergangenen fünfzehn Jahren, so vielleicht morgen, es ist ein Platz, den wir *In der Ecke* nennen. Efeu, Wilder Wein, Springkraut, Brombeergestrüpp, dort haust wahrscheinlich der vegetarische Igel, der abends über die Wiese rennt oder unter den Rhododendronbüschen raschelt. Der Kies wurde nicht gebraucht. Aber nach zwei Jahren wuchs darauf ein Kraut, aufrechter Stengel, zartes fiedriges Grün. Interessant, schön. Auch im nächsten Jahr ruhte mein Blick wohlgefällig auf dem Gewächs, das sich fleißig wie sonst nichts vermehrt hatte. Auffällig, pyramidenförmig, wie winzige Tannenbäumchen. Eine Pflanze, die sich wohlfühlte in meinem Garten und darüber hinaus. Sie wuchs im Gesträuch, im Hinterland bis zur Straße. Ein Jahr darauf packte mich der Schreck, hastig fing ich an zu jäten. Aus dem interessanten Siedler war eine Invasion geworden. Keiner kannte das Kraut. Ich fand es in keinem Buch. Es blühte unscheinbar weiß. Ein Kreuzblütler. Wenn es gelb blühen würde, könnten wir es mit ein bißchen Recht Besenkraut nennen. Aber Weißblühendes Besenkraut? Ein Name, in der einschlägigen Literatur unbekannt, dafür als Erscheinung in meinem

Garten und seinem Umland in jährlich größer werdenden Kreisen um so mehr gefürchtet. Es wuchs nun schon überall, ich allein trug dafür die Verantwortung, ich hatte damals den Kies mit dem blind reisenden Samen bestellt. Unbedacht, viel zuviel. Ich raufte die jungen Pflanzen, daß nur keine zum Blühen kommen konnte. Ich schleppte Körbe voll auf den Kompost. *In der Ecke* und den Kieshaufen hatte ich total bereinigt. Das Zeug mußte weg.

Nun begegnet mir manchmal so ein fiedriges Pflänzchen. Der weiße Kreuzblütler ist bei mir im Garten heimisch geworden, hier und da taucht er auf, erkannt als ein Kraut, das man nicht unbeaufsichtigt herumlaufen lassen darf.

Vorzeiten hatte jemand, wie es die Legende gern will, *an den Schuhsohlen* den Sauerklee aus Nordamerika mitgebracht. Das kleine kriechende Kraut setzt alles daran, um in meinem Garten gegen mich zu gewinnen.

Die aus Kanada eingereiste Goldrute treibt neuerdings im Brachland und an den Flußufern wie losgelassen ihr Wesen. Die alt ansässige Flora zieht sich zurück.

Sobald man was in die Hand nimmt, packt der Teufel mit zu, läßt man was liegen, ist er erst recht zur Stelle. Doch manchmal werden wir, der Teufel und auch ich, überlistet.

DANK SONNE, REGENWASSER UND MAIROL hatten die Petunien, Lobelien, die Tagetes und Calendula eine große Zeit in den Kübeln und Töpfen. Einjahresblumen. Der üppige Flor ist für diesen Sommer vorüber. Wenn man das gelbe Laub ausbricht, die Samenstände ausschneidet, werden sie vielleicht noch ein paar Blüten treiben, zierlich, einzeln, an dünnen Stengeln, die man hochbinden, anlehnen, in ihrer Vergänglichkeit besonders lieb haben muß. Es sind die Pflanzen, die mir ein wenig helfen, den schönen Namen zu rechtfertigen, den ich für die Blumen in den Tontöpfen

einmal von weither geholt habe. Adonisgärtchen. In Rom hatte man im nordöstlichen Quadranten des Palatin ein Areal entdeckt, in dem einst Pflanzen in tönernen Amphoren aufgezogen worden waren. Wahrscheinlich das Adonaea der antiken Stadt, das schon lange durch den Fund eines Marmorplans bekannt war. Die Adonisgärten reichen aber noch viel tiefer in die Geschichte zurück, bis zu den Griechen und Phöniziern. Schnelles Keimen, Wachsen, Blühen und Welken, Sterben. Das ist der Kern des Mythos, der sich um den von Aphrodite geliebten Knaben Adonis rankt.

Von meinen Terrassentöpfen, von unseren märkischen Sommerblumenbeeten und Balkonen mit Jahresblumen könnten wir uns einen Weg denken bis zu den antiken Gärten und Göttern im südlichen Griechenland.

Adonis war so schön, daß Aphrodite ihn wie einen kostbaren Schatz in einer Truhe verbarg. Die zuverlässige Persephone sollte die Truhe hüten. Als die aber sah, was drin war, weigerte sie sich, den Schönen zurückzugeben. Zeus mußte den Streit zwischen den beiden Rivalinnen schlichten. Er entschied, das Jahr möge in drei Adonis-Zeiten geteilt werden. Ein Teil für Persephone, der zweite für Aphrodite, den dritten Teil sollte Adonis für sich allein behalten. Adonis aber verschenkte seine Zeit an Aphrodite. Wußte er, daß Aphrodite seine arme Mutter einmal mit einer wütenden Strafe belegt hatte? Smyrna, die Tochter des assyrischen Königs Theias, war, weil sie sich nicht ehrerbietig genug betragen hatte, von der beleidigten Göttin zu unüberwindlicher Leidenschaft zum eigenen Vater verdammt worden. Als Theias nach zwölf Frevelnächten die Unziemlichkeit zu entdecken geruhte, beschloß er, seine geschändete Tochter mit dem Dolch zu töten. Die Götter bekamen Mitleid. Schnell, bevor der Verführte zustechen konnte, verwandelten sie Smyrna in einen Baum, eine Myrte. Nach neun Monaten barst die Rinde und heraus kam das Kind, das man Adonis nannte. Mithin Adonis und Aphrodite, das konnte nicht gutgehen. Ringsherum waltete versteckt das Ungeschick. Es geschah im Wald bei der

Jagd. Adonis, der schöne, liebliche, etwas schußlige Jüngling, wurde durch die Hiebe eines Ebers getötet. Ein Weichei, Warmduscher, mit zwei linken Händen, aber lieb, eine große Seele, ein Zärtling, den man gern haben muß, weil er jenseits des Strebens einen Typ darstellt, ein Vorbild beinah, eine Sehnsucht nach Stille, Schlaf und Unverbindlichkeit. Lösung von allen Verträgen, Ängsten und Wurzeln. Adonis, kein guter Jäger, kein Krieger, ein freundlicher Held. Eine Blume. Eine Rose ohne Dornen, ohne Stachel genauer gesagt, denn eine Rose hat Stachel, während die Stachelbeere mit Ausstülpungen der Epidermis ein Dornenstrauch ist. Adonis aestivalis, eine blutrote Blume, Blutstropfen oder Adonisröschen genannt. 1984 Blume des Jahres. Früher ein Ackerwildkraut, heute auf der Roten Liste der vom Aussterben bedrohten Arten, aber man kann bei *Manufactum* für Garten und Balkon Samen bestellen und damit den flüchtenden Wildling als Zierpflanze halten. Adonis vernalis, der Frühlingsadonis, blüht buttergelb. Manche fahren extra im April in die Gegend an der Oder, um die Pracht der Adonisblüten zu bewundern.

Die Griechinnen feiern jeden Sommer zum Andenken an den Sohn der Myrte und Liebling der Aphrodite ein Fest. Vorbereitend sammeln sie Tonschalen, größere Scherben, Töpfe, füllen die Gefäße mit Erde. Sie warten, bis die Hundstage kommen. Es sind die Tage, an denen den Hunden die Zunge vor Hitze und Durst aus dem Halse hängt. Die Hundstage heißen allerdings nicht nach unseren lechzenden Hunden, sondern nach den Tagen, an denen zwischen dem 23. Juli und dem 23. August die Sonne in der Nähe des Hundssterns Sirius steht. Es ist die Zeit, wo die griechische Erde unter glühender Sonne verdorrt. Das Grün ist gelb oder braun geworden. Was zu ernten war, ist in den milden Wochen eingebracht worden. Nun wächst nichts mehr. In diesen Tagen streuen die griechischen Frauen Samen von schnell keimenden Kräutern in die Scherben mit der feuchtgehaltenen Erde, schnell grünende Pflanzen, sofort blühend. In einem Wahnsinnstempo, Erde und die schrille Hitze, das blendende Licht der Sonne, was aus dem Samen heraufwächst, hält dieser Glut nur kurze Zeit stand. Die grünen Halme welken. Die Sonne gewinnt. Was Filmkameras oder neuerdings die Elektronik mit einem Trick vor Augen führen

können, das vergegenwärtigen sich die Griechinnen in den Hundstagen durch ihre Adonisgärten. Das Leben im Zeitraffer. Aussaat und Tod. Um das Tempo noch zu beschleunigen, tragen die Frauen die keimende und wachsende Saat in den Tonschalen auf die Dächer. Von der Erde dem Himmel, der Sonne entgegen. In schneller Folge Keimen und Vergehen. So will es das Ritual. Der Kult um Adonis, den Sohn der Myrte, den Liebling der Aphrodite.

In meinem Garten bestimmen die Sonne und der Hundsstern Sirius ein anderes Tempo. Der Kult braucht den Frühling und Sommer und einen Zipfel vom Herbst.

Mir scheint in der Anhänglichkeit an Begonien und Petunien, Sommerastern, Löwenmaul und Zinnien, der Freude an geschmückten Balkonen und Beeten mit Sommerblumen, worunter der Gärtner die Einjahresblumen im Unterschied zu den Stauden versteht, ein Abglanz des südlichen Vergänglichkeitsrituals im Zeichen des lieblichen Adonis nachzuleuchten. Zudem feiern auch wir in den Tagen, wenn Sirius der Sonne am nächsten steht, gern Gartenfeste, Parkfestspiele und Preußische Schlössernächte.

Während sich die Grilldüfte allmählich verziehen, das Feuerwerksknattern sich in fernen Nachzüglern verliert, sitze ich immer noch mit einem Windlicht unter der Buche. Sirius, der hellste Stern dieser Nacht, ist mit dem Großen Hund längst im Westen verschwunden. Schon ziehen die Planeten Jupiter und Venus im Gänsemarsch in Richtung Mond. Das Morgenemblem, darauf habe ich gewartet. Die beiden hell strahlenden Planeten haben nun die Mondsichel in die Mitte genommen. In ein paar Tagen wird der Mond fehlen. Bald aber wird die Sichel wieder dasein. Andersherum, zunehmend, wie mit offenen Armen. Um die Spätsommerplaneten an den Morgenhimmel zu bitten.

Dunkle Büsche ragen aus dem Bodennebel. Die weißen Cosmeen leuchten. In diesem Jahr sind sie über sämtliches Grünzeug, sogar über mich, hinausgewachsen. Giraffenhälse. Im März hatte ich die Cosmeenmischung in eine dünne Schicht fein gesiebter Erde gesät. Zwischen Erde und Erde zwei Zentimeter Sand, für die ersten zarten Wurzeln Schonung und Ansporn. Die Gärtnereien bringen ihre Aussaatkästen in Frühbeeten oder Gewächshäusern unter Glas, heizen über die kalten Nächte, schattieren, um die Keimlinge gegen allzuviel Mittagssonne zu schützen. Bei mir stehen die Schalen mit der Sommerblumenaussaat am Küchenfenster. Nach drei Wochen ist es Zeit, ich fange an mit dem Pikieren.

In der Lehrgärtnerei mußte sich jeder aus Holzspänen sein Pikierbesteck schnitzen. Eine Art Pinzette und einen Stift. Die Meister begutachteten unser Werk, die Packung der Kisten mit der Erdmischung, dem Sand, nicht zu fest, nicht zu locker, die Vereinzelung der winzigen Sämlinge, der Begonia zum Beispiel, aus dem Saatbett in die nahrhafte Erde, Zentimeterabstand auf Zeilen, die man am besten mit einem Lineal zog. Akkuratesse war gefordert. Beim Pikieren auf Lücke mußten auch die Diagonalen korrekt sein. Wir saßen im warmen Gewächshausverbinder und kamen uns vor wie in einem Büro oder wie Uhrmacherlehrlinge. Wir liebten diese Arbeit. Draußen der kalte Regen, manchmal sogar noch Schnee. Andere mußten jetzt unter freiem Himmel in der Kälte schuften, Erde sieben, mischen, dann in die Frühbeetkästen karren, die Sommerblumensaat vorbereiten, feinkrümlig, glatt wie ein Tanzboden mußte die Saatfläche sein, breitwürfig die Zinnien, Calendula, Astern, nicht zu dicht, aber lückenlos, die Sorten fein getrennt und dann die Fenster vom Stapel auf die Kästen hieven. Es gab bessere Arbeiten. Begonien, Salvien, Petunien pikieren zum Beispiel. Die fertigen Pikierkisten kamen auf die Stellagen, ins Warmhaus. Nach drei Wochen wurden die Begonien noch einmal pikiert, in eine andere Erdmischung mit größerem Abstand. Aus den Sämlingen waren nun Jungpflanzen geworden, die in ein paar Wochen getopft werden konnten, in Sechser-Ton oder in Pappe. Die Töpfe wurden im Frühbeet ausgestellt. Auch hier waltete Geometrie. Die Meister schätzten die gerade Linie und

die ebene Fläche. Sortenreinheit, Wachstum in gehörigem Tempo. Qualität und Fleiß, dafür gab es jede Woche im Berichtsheft Zensuren. Gerätepflege. Kenntnisse der Sämereien. Bodenkunde. Düngerlehre. Ordnung im Topfdepot, wenn da eine Reihe schief lag, der dachförmige Aufbau wankte, setzte es für alle ein Minus. Die Arbeit mußte noch mal gemacht werden. Bis morgen 50 Samen lernen. Manche erkannte man leicht. Tagetes, die Türkischen Nägelein. Wenn alles getan war, konnten immer noch von den Rex-Begonien Stecklinge geschnitten werden. Kleine Dreiecke aus den Blättern, sauber an den Nerven entlang. Stecklingsmesserschärfen, auch das mußte man lernen. Klassenbewußtsein war nicht ganz so wichtig im Gartenbau.

Ab Mitte Mai wurden unsere Sommerblumen in Parks, Grünanlagen und Balkonkästen ausgepflanzt. Auch wir im Lehrbetrieb hegten ein Quartier mit Sommerblumen. Löwenmaul, Calendula, Zinnia elegans, einjähriger Rittersporn, Malven, ein vielfarbiges Sortiment für bunte oder in einem Ton gehaltene Blumensträuße.

Im Juli, August, in besagten Hundstagen, fing das große Blühen an.

Wer im Blumenquartier arbeitete, mußte zwei Stunden früher aufstehen. Mit Sonnenaufgang wurde geschnitten. Morgenspaziergänger standen bewundernd am Gärtnereizaun. Wir schleppten Arme voll Astern, weiße Straußenfeder-, bunte Margeritenastern, Strahlenastern in sortenreinen Farben, vom Freiland ins kühle Haus. Immer noch leuchteten die Beete, die Farben im Frühlicht, denn hinter unserem Rücken öffneten sich gleich wieder Knospen, rote Adonisröschen, Zinnien, Malven. Sonnenblumen blickten nach Osten, munter, als grüßten sie ihre Patronin. Auch sie waren in raschen Frühlings- und Sommermonaten vom Kern zu stattlichen Pflanzen geworden. Heiterkeit, ewiger Sommer, bis in den frühen Nachmittag. Aber in den kurzen Stunden danach verriet sich der Herbst. Ein dürres Blatt. Geknickte Stengel. Die zarten Nemesien welkten. In die Zinnia elegans war Mehltau gefallen, Fäulnis, Kräuselkrankheiten, das alte schwächliche Löwenmaul warf die Mäuler. Auch die Malven verblühten, weil ihre Zeit gekommen war. Damit ging die hochsommerliche Adonisfeier, die wir mit der Aussaat vor Monaten begonnen hatten, dem

Ende entgegen. Die verwilderten, abgestorbenen Pflanzenreste wurden herausgerissen und auf den Komposthaufen gekarrt. Zurück blieb die nackte Erde.

IN MEINEM GARTEN IST IMMER NOCH MITTAG.

Die Cosmeen strahlen. Zu den weißen sind rosa und dunkelrote Blüten gekommen. So hatte es mir das Samenpäckchen versprochen. Farbmischung. Ich habe noch mehr Samenpäckchen gekauft. Petersilie. Ich kaufe jedes Jahr Petersiliensamen, obwohl ich gelernt haben müßte, daß weder im Freiland noch im Kasten was daraus wird. Calendula, Tagetes, aber was will ich mit hundert Tagetespflanzen, zumal ich weiß, daß die lebenserfahrene Nachbarin von Sommerblumen im Gelände nichts wissen will. Ich kaufe die Päckchen, weil ich mir vorstelle, wie malerisch ein kleiner bunter Asterntupfer am Fuß der Kiefer aussehen würde. Erst später, nicht zu spät, holt mich Vernunft ein, ich vergesse alle anderen gekauften Päckchen, denn mit der Cosmeenmischung habe ich genug. In sämtliche Töpfe und Kisten, Quark- und Gemüseschachteln habe ich Sämlinge pikiert. Alle aus der kleinen Saatschale, alle aus einem einzigen bunten Tütchen. Wenn die Schnecken nicht gehaust hätten, wäre der Steingarten in diesem Jahr ein Cosmeenfeld.

Endlich, ich habe es gesehen, werden auf dem Bauernmarkt wieder Jungpflanzen angeboten, wie früher in den Gärtnereien, zehner oder zwanziger Bündel, die Wurzeln mit etwas Erde dick in nasses Zeitungspapier eingewickelt. Der heutige Preis schützt vor allzu ausgedehnten Quartieren mit Sommerblumen, unsinnigen Experimenten unter Kiefern. Zehn Zwergastern und zehn Löwenmaul werde ich im kommenden Jahr pflanzen, am besten in Töpfe. So kann ich die Blumen je nach Anspruch in die Sonne oder in den Schatten rücken. Ein echt griechisch-römischer Adonisgarten auf märkische Art.

Meinen Töpfen geht es gut, den Umständen entsprechend. Begonien und die Fuchsia setzen zu einem neuen bescheidenen Flor an. Die Lobelie ist verblüht. Es ist fraglich, ob er sich noch einmal erholt. Dafür steht ganz frisch ein kniehoher Busch in roter Blüte, botanisch betrachtet auch eine Lobelie, aber der Name will für die flammenwüchsige Pflanze nicht passen. Warum nur? Ganz einfach, weil die Botanik nur für Botaniker taugt, aber nicht für das Ganze. Kleinblütig, blau, üppig blühend, aber vergänglich, das ist eine Lobelie. So tauft Gemütserfahrung.

Den Namen der Roten konnte mir der Blumenverkäufer nicht nennen. Eine Marktneuheit. Vielleicht hat sie noch keinen. In meinen Büchern finde ich für die rotblühende, aus Amerika stammende Neuheit den Namen Kardinalslobelie. In der Heimat eine weite Flächen deckende Blume.

Eine scharlachrote Wand, füllen die unzähligen typustreuen Kardinalslobelien den Hintergrund, als umstünden sie das Mal eines blutigen Märchens. Noch ehe ich meinen Kardinal näher kennengelernt habe, ist er fort. Die Schnecken haben ihm Beine gemacht.

Die Hortensie setzt einen knalligen Akzent, sie hat acht fußballgroße Blüten bekommen. In der Augustsonne will sie zweimal am Tag gegossen werden. Die Lieblingsblume der in diesem Jahr mit Ausstellungen und Biographien gefeierten Königin Luise, mithin, die Hortensie hatte einmal eine große Zeit, wie wir schon vor zweihundert Jahren mit Luise eine Königin der Herzen hatten. Wir haben sie nur vergessen, die Königin und die Blume. Weil man es wohl ein Jahrhundert lang mit dem Luisenkult und mit den Blumentöpfen zur Konfirmation übertrieben hatte. Meine Mutter erinnerte sich, daß sie noch zu ihrer Zeit sieben weiße, fünf rosa und zwei blaue Konfirmationshortensien zu Hause auf Kommoden und Fensterbrettern unterbringen mußte. In unserer Lehrgärtnerei wurden von Beginn an keine Hortensien kultiviert. Stillschweigend. Die Entscheidung gegen die Hortensie stand nicht einmal unter einem Fortschrittsgedanken. Man vermißte nichts. Erst nach Viscontis Film *Tod in Venedig* fehlte sie uns wieder. In Thomas Manns Erzählung wird sie nicht ein einziges Mal erwähnt, aber der Schauplatz des Films, das *Hotel des Bains* am

Lido, steht voller Hortensien. Großblumig, verwaschen, zart, hinfällig: im Foyer, im Speisesaal, auf Konsolen, auf den Rohrtischen, im Kerzenschein, vor venezianischen Spiegeln, ein rauchig vernebelter Widerschein der Abendröte. Die Räume der Vergangenheit schmücken Liliengebinde, dagegen als Zeichen der hindämmernden Gegenwart die Hortensienflut.

Die Hortensie war wieder da, nach dem Film *Tod in Venedig* tauchte sie in Filmen der Visconti-Nachfolger auf und auch schon vereinzelt in Gärtnereien als Geburtstagsblume für Liebhaber. Nun steht sie im Center für jedermann. Großblumiger denn je. Und in diese hohe Blütezeit fällt Luises 225. Geburtstag, verbunden mit Ausstellungen, Vorträgen und Exkursionen, Erinnerungen an Preußen.

Meine Hortensie aus besagtem Massenangebot steht wie im geborgten Ballkleid zwischen alt ansässigen Rudbeckien, wuchernder Pfefferminze, abgeblühten Glockenblumen. Overdressed im Spreu der Kiefernnadeln.

Es dauert nicht mehr lange, dann verschwindet die Sonne hinter den Bäumen, die Hitze ist für heute vorüber. Das Gras ist braun geworden, das Moos zundertrocken. Der Zeitgeist hatte sich nicht lange aufgehalten in meinem Garten, für Mode blieb im Überschwang der hochsommerlichen Temperaturen, dem Durcheinander, in das sich die Vegetation hinter meinem Rücken verfügt, Pfefferminze, wilde Kapuzinerkresse, Rosenschößlinge, überall Efeu und Farnkraut, wenig Raum. Es hat keinen Sinn, auf Regen zu warten. Ein Fremdling im Sand läßt schnell den Kopf hängen. Die Dahlie kümmert.

Schauer aus der Kanne. Am Morgen glänzt der Sommer wie neu.

Renaissance der Blumen.

Porzellanblume, Zimmerlinde, Gloxinie und Passiflora sind wieder da.

Ich weiß nicht, wer das Signal gab. Der letzte Titanicfilm? Der neue Hut der englischen Königin? Ein-, zweimal im Jahr kann man in größeren Blumengeschäften inmitten von Grün wieder Kamelien entdecken.

Camellia japonica. Wenn ich in Dresden bin, gehe ich manchmal die berühmteste ihrer Art besuchen. Mit dem Schiff bis Pillnitz, dann am Schloß vorbei, quer durch den Park. Dort steht das Glashaus, groß genug für den Baum, die zweihundertfünfzig Jahre alte Pillnitzer Kamelie. Sie gehört zu den ersten Jungpflanzen, die aus Japan nach England und Sachsen gekommen sind. Wetterkatastrophen, Kriege, preußische Kanonaden, Feuersbrünste, sogar die schlimmste Heimsuchung der Stadt, das Bombardement im Februar 1945, hat die Kamelie überlebt, sie ist die einzige noch grünende und blühende der damaligen Erstlinge, eine wahrlich verehrungswürdige Erscheinung. Ein Altar, vor den man als gleichfalls Überlebende der Schreckensnacht tritt. Die Kamelie hat über die Jahrhunderte als Kulturpflanze nicht nur einen Platz im Gartenbau, sondern auch in der Literatur. Die Kamelie spricht. Sie ist Schicksalsgefährtin.

Greta Garbo läßt sich gleich in der Anfangsszene der Hollywoodverfilmung des Romans *Die Kameliendame* von Alexandre Dumas aus dem großen lockenden Angebot der eleganten Pariser Straßen von einer Blumenfrau ein teueres Bouquet in die Kalesche reichen. Zeichen des Großmutes, der Maßlosigkeit, der Haltlosigkeit im Feuer der Leidenschaften. Die Kamelie ist Knopflochblume der Kavaliere, Blume der Toreros. Die Blume der Liebe und des Todes in Verdis *La Traviata*. Letzter Akt, letzte Szene, zum letzten Mal Violetta, eine Kamelie im schwarzen Haar: *E strano, e strano*. Violetta sinkt zurück und stirbt. Der Vorhang fällt. Musik aus dem Orchestergraben. Zeit für Tränen.

Wenn um Ostern zwei Kamelienblüten vor meiner Tür liegen, so weiß ich, sie sind ein Opfer. Wer schneidet schon leichtherzig Blüten von einem gehegten Bäumchen. Meine Nachbarin beschwichtigt meinen Dank. Sie hat ihr vierzigjähriges Exemplar in Pflege gegeben. Es steht über Winter in einer alten Gärtnerei unter einem Glasdach, hell, kühl, und blüht jedes Jahr wunderbar.

Man sagt, wenn die Kamelie heimisch geworden ist, dann vergißt sie die Launen. Ihre Blühunwilligkeit, das Knospenwerfen, das Laubverlieren. Dann duldet oder erduldet sie Zugluft, vorübergehend Trockenheit, auch einen Tag stehende Nässe. Sie hat sich abgefunden mit unseren launischen Vierjahreszeiten. Sogar ein Temperatursturz kann ihr nichts mehr anhaben.

In Locarno, wo die Kamelie als Straßenbaum den Frühling mit ihren vornehmen Blüten ziert, war in einer Nacht überraschend der Winter von den Alpen herab ins Tal gekommen. Kamelienblüten im Schnee. Festliches Weiß über Piazza und Seepromende, ein verwunderter Schwan, dazu die Fußspur einer zeitigen Zweibeinerin. Als die Pressegäste zur Vormittagsvorstellung ins Kino gingen, war alles vorbei. Der Schnee und damit auch die Spuren, der Zauber, der schöne Schreck. Die Kamelien blühten unversehrt. Rot im dunkel glänzenden Laub.

Es soll noch Gärtnereien geben, die Kamelien über Jahre hin aufziehen, Experten, die noch die alten, schön knospenden, rosenblütigen Sorten pflegen. Weiß, rosa bis ins samtene Rot. Man verschenkte sie früher im Topf, stämmig verzweigt, gut für ein kühles Schlafzimmerfenster. Zwei Blüten, fünf Knospen. Meist rechnete man damit, daß im ersten Jahr nicht alle Knospen aufgehen. Die Pflegeempfehlung lautete ja, Kamelien mit Knospenansatz an einem Fleck stehen lassen. Über Sommer sollten die Pflanzen raus in den Schrebergarten in eine geschützte, halbschattig bis sonnige Ecke. Im nächsten Jahr an besagtem Schlafzimmerfenster konnte dann jede Blüte gefeiert werden. Kein Knospenabfallen mehr.

Gelegentlich in einen etwas größeren Topf und in frische Erde gebracht, wurden die Geschenke mit den Jahren zu kräftigen Büschen.

Die Kamelientöpfe verschwanden, entweder weil es keine kalten Schlafzimmer mehr gab oder weil die Anzucht viel zuviel Mühe machte. Es dauert einige Jahre, ehe ein Steckling zum kleinen blühenden Busch heranwächst.

Jetzt ist die Kamelie wieder da. In Verkaufstöpfen gezogene schnell wurzelnde stricknadeldünne Steckhölzer. Dicht belaubt, bestückt mit einem Dutzend pausbäckiger, schon ein wenig Farbe zeigender Knospen. Das Herz könnte lachen, wenn man nicht im voraus wüßte, wie unsere dralle Camellia japonica in wenigen Wochen aussehen wird. Die ersten Knospen sind schon auf den Verkaufsständen braun geworden, die meisten verfaulen von innen. Meine Kamelie bekam einen Winterplatz im Blumenfenster. Sie blühte rosa. Daß sie eine Blütenform hatte, die aussah wie

zusammengebastelt aus Nelke und Rose, daran hätte man sich vielleicht noch gewöhnen können. Zwei Knospen waren bei konstant kühler Temperatur, genügend Luftfeuchtigkeit und vielen Beschwörungen immerhin aufgegangen. Im Jahr darauf fielen alle, obwohl sie schon Farbe zeigten, vom Stengel, im nächsten Jahr wurden die jungen Triebe in der halbschattigen Gartenecke von Läusen befallen, von Schnecken und Vögeln zerfressen, zum Schluß fiel das Laub. Die kahlen Zweige zeigten keine neuen Blattknospen. Es war aus. Auf dem Kompost kroch aus dem Wurzelballen ein fetter Regenwurm. Diesmal müssen wir uns in die Schuld teilen. Ungesund eilige Massenanzucht, das märkische Klima und meinerseits eine gewisse Nachlässigkeit. Augenverschließen, bis es zu spät ist.

Ein anderes Schicksal hat die Nelke zu tragen. Es war die Schnupperblume von Martin Luther. Er hat sich durch Nelkenduft inspirieren lassen. Während seiner heftigsten Dispute in Glaubensfragen lag auf dem Katheder meist eine Nelke, wenn es hart wurde, hielt er sich die Blume unter die Nase, dann wußte er wieder weiter. Gezüchtete Gartennelken findet man als Schmuck auf mittelalterlichen Heiligenbildern. Aus bildlichen Darstellungen, Blumenarrangements oder Stilleben, und aus der Literatur kann man schließen, was damals im Garten wuchs. Ein Katalog der Goethezeit verzeichnet 1200 Dianthussorten. Kein Garten ohne Nelken. Fachkreise sprachen von einer Dianthomanie. Die hat sich über die Zeiten gehalten. Ein Erfurter Gärtner züchtete die Bismarck-Nelke, eine gefüllt großblütige kurzstielige Art. Man muß sie sich rot denken, dann sieht die Neuzüchtung aus wie die Erste-Mai-Nelke. Das Symbol aus Seide, Wachspapier oder Polyvinylchlorid.

Während der siebziger Jahre, als auch der Gartenbau auf Konzentration und Industrialisierung bedacht war, wurde die Nelke, weit vor Gerbera und Chrysantheme, über Sommer und Winter zur epochemachenden Schnittblume, die man hektarweit unter Glas oder Folie kultivierte. Langstielige und großblumige Sorten. So daß die Stiele mit einem Drahtspieß und die Kelche mit einem Drahtring gestützt und gehalten werden mußten. Weiße, rosa, meist einfarbig rote Nelkensträuße, ein oder zwei Asparaguswedel, für eine gute Tat, für ein Jubiläum oder für den

Geburtstagstisch. Der Gratulant mußte nur dem Anlaß gerecht entscheiden, wieviel, und mußte hoffen, daß genug da waren. Denn, trotz der Hektar, auch Nelken waren knapp.

Es gab Jubilare, denen man nicht nur mit der gutgemeinten Geste, sondern wirklich mit Nelken eine Freude machte. Ich habe die Nelkengeschenke sofort entspießt und entringt und an den Nodien den Stil auf die Hälfte gekürzt. So wurde wieder eine liebenswürdige Blume daraus. Unter den steril gezogenen Gewächshaussorten befanden sich einige, die dufteten wie in alten Gartenzeiten. Sorten in ganz zartem Gelb, in Weiß, mit roten Flammenzeichen, in puppenhaftem Rosa. Sie erinnerten an die rosa Chabaudnelke und an die Remontantnelke, die in allen Spielarten von dunklem Rot über Gelb bis Weiß auf großen Freilandfeldern in meinem Lehrbetrieb angebaut worden waren, berauschend duftende Schnittblumen.

Es liegt in der Luft. Man kann es riechen. Der Nelkenüberdruß verliert sich allmählich. Aus dem bunten Gemisch der barocken Sommerbepflanzung im Parterre von Sanssouci fliegt das Aroma der Nelken. Echter Nelkenduft. Während einer Buchpräsentation steigt mir ein würziger Duft in die Nase. Ein Besucher, komischer Kauz oder Einzelgast aus der Zukunft oder einfach nur ein Beweis, trägt eine weiße Nelke im Knopfloch seiner schwarzen Lederjacke. Man liest im überfüllten Hinterzimmer einer Berliner Buchhandlung aus *Nabokovs Berlin*. Lauter Schilderungen alltäglicher Dinge: ... *wie sie sich in wohlmeinenden Spiegeln künftiger Zeiten darbieten werden*. Die künftige Zeit der Nelke scheint gekommen zu sein. Ich hoffe auf eine Renaissance der alten Sorten Apollo, Grenoble, Gloria, der Dianthus hybridus Fürst Bismarck, der feinen Chabaud- und der Remontantnelken in sommerlichen Farben.

Sogar der Tulpe ist kritische Nachrede nicht erspart worden. Nach Jahrhunderten der Hochschätzung gefiel, wie es heißt, ihre Architektur nicht mehr. Am Anfang ihrer Entdeckung und ihrer Züchtungsgeschichte war die Tulpe so wertvoll wie ihr Gewicht in Gold, und damit Prunkstück in Königsgärten, Zierde des Augsburger Patrizieranwesens Herwart, später auch Gartenstolz der Fugger. Heute, so teuer wie ein Hustenbonbon, gefällt sie wieder. Bald werden wieder Säcke und Kisten mit Tulpenzwiebeln in den Regalen der Supermärkte liegen, und ich muß mich entscheiden. Will ich mich im Herbst für nächstes Frühjahr engagieren oder lieber abwarten, was kommt, Zuschauer sein, sehen, was der Garten präsentiert, ob die im Sand ruhenden Zwiebeln noch mitspielen werden im Flor des kommenden Jahres.

Im vergangenen Jahr hatte ich mich mit einer einzigen Tulpe in das Walten der altansässigen Wurzeln, der Zwiebeln und Knollen, sowie deren körnerkleiner heranwachsender Tochterzwiebeln und -knollen, eingemischt. Ich sagte es schon, mein Garten weiß selbst, was er will. Besonders im Frühjahr.

Eine Freundin, die keinen Garten besaß und auch keinen mochte, hatte von einem Herrn aus Holland eine Tulpenzwiebel geschenkt bekommen. Sie wollte das Geschenk trotzdem in Ehren halten. Ehre und Tulpenzwiebel kamen also auf mich. Für das schöne haselnußbraune Einzelexemplar hatte ich zusammen mit meiner dreijährigen Enkelin im Herbst ein Loch gegraben, wir hatten die Zwiebel mit Erde bedeckt, eine Glaskugel danebengelegt, damit wir die Stelle nicht vergaßen und gleich Bescheid wußten, worauf das Kommende sich beziehen würde. Auf die Zwiebel in der Erde. Über Winter hätten wir eigentlich nicht mehr daran denken müssen, aber die Kugel lag ja da, die Neugier fand keine Ruh, und ich hatte bis zum Frühjahr ein tüchtiger nimmermüder Prophet zu sein. An den Wochenenden gingen wir ein paarmal am Tag hin. Verfaulte Ahornblätter, sonst nichts. Endlich, an einem Sonnabend, etwas Grünes.

Aus dem Grün war nach einer Woche Sonnenschein auf hohem Stengel eine flamingofarbene Tulpe hervorgekommen, eine federfein gekräuselte rosa Blüte, die wöchentlich schöner wurde. Als sich die Blätter vollkommen geöffnet hatten, erkannten wir, daß es eine Tänzerin war, eine Primaballerina auf Spitze, die sich unermüdlich stolz nach oben streckte. Und plötzlich, an einem windigen Sonntagabend, löste sich zu unserer Überraschung,

ja zu unserem Schreck, das Tanzkleid auf, die Blütenblätter segelten sacht, eins nach dem anderen, zur Erde. Ende der Vorstellung. Die Augen der Enkelin ruhten fragend auf mir.

Was sagt der Prophet?

Der predigt Geduld. Wenn wir Glück haben, wiederholt sich das Spiel. Wir müssen nur warten. Sommer, Herbst und Winter müssen vergehen.

Die Glaskugel liegt immer noch an der Stelle. Die Zwiebel im Sand. Hoffentlich. Denn Mäuse sind neuerdings unterwegs. Katzen schleichen durch die Büsche. Bleiben in der Nähe. Kehren uns den Rücken, sitzen gespannt, man sieht den Schwanz, die Ohren, die Spitzen des Bartes, Zuversicht, es hat im Efeu in der Nähe der Glaskugel geraschelt. Ein winziges Mäuschen mit dunklem Strich auf dem Rücken flitzt über das Terrassenpflaster, verschwindet in einem Loch, so groß und versteckt wie ein Hosenknopf. Glück gehabt. Pech für die Katzen, aber auch die Chancen für unsere Zwiebel stehen schlecht. Meine Enkelin als ein Kind von heute weiß Rat: Eine neue Zwiebel.

Wir graben ein neues Loch.

Das wäre eine Möglichkeit. Wir brauchen einen Holländer, der meiner Freundin eine Tulpenzwiebel verehrt, dann wäre das Glück wieder bei uns.

Die Überraschung kommt, allerdings meist von der anderen Seite.

Die Passiflora blüht. Ich muß die Nachbarin rufen. Man hatte mir nicht viel Chancen für die Passionsblume eingeräumt unter den Schattenkiefern. Nach einem Monat in der Veranda, wo die Rank- und Wucherpflanze, die ich mir im Center unter hundert anderen ausgesucht hatte, fleißig, aber ohne neue Blütenansätze bis zum Fensterwirbel hinaufgekrochen war, entschloß ich mich, den Topf hinaus an den sonnigsten Platz der Hauswand zu stellen. Eine Knospe von den vielen, die an der Kaufpflanze schlapp geworden und verwelkt waren, hatte in der Veranda geblüht. Blau, so wußte ich wenigstens: ich besaß eine blaublütige Passiflora.

Auch am neuen Ort wurde erst einmal nur gewachsen, gewuchert. Ich hatte eilfertig Fäden gespannt, Haltestricke quer über das Fenster. Mit zwei, dann drei Trieben ging es voran, bald in den Lamellen der Fensterläden. Wir bestimmten die Richtung gemeinsam, die Tentakel der Pflanze und ich. Eine kleine Hilfe und der suchende Haken hielt fest oder fand klug einen anderen Weg, einen besseren Halt. Der Sonne entgegen. Flächendeckendes Grün. Und es geschah, daß sich aus einer reichlichen Zahl kleiner unscheinbarer Kelchblattansätze richtige Knospen bildeten. Es schimmerte blau. Die Passiflora blühte. Sollte ich wie eine Rekordsüchtige die dreiundzwanzig Blüten zählen? Ich kenne Leute, die ihre Freude in Gewicht und Zahlen ausdrücken. Zentnerkürbis, Zwölfblütenclivie.

Am Mittag, wenn sich neue Knospen öffnen, stehe ich bewundernd davor. Ich weiß, daß man in Peru die Passiflora mit Motorsägen auslichtet und umhaut, sie wächst dort nicht nur als Schlingpflanze, sondern auch als Baum. Hoch und dick wie eine norddeutsche Eiche, schrieb Alexander von Humboldt. In Dresden gab es eine Passiflora, die jedes Jahr über ein Gewächshausdach wuchs und über Sommer fast nur Blüte war.

Ein Waldgarten macht bescheiden. Oder muß ich mich einfältig nennen. Manchmal habe ich unter der Sonne einen traurigen Tag, kreuz und quer beim Aufbinden der Cosmeen, die ihre Giraffenhälse über mir zusammenstecken. Ihr seid es nicht, die mich melancholisch machen. Aber was ist es dann? Irgendwann fällt es mir ein. Meine arme dicke, topfsprengende Clivie, dazu ein geschätzter Besuch, Grünzeugexperte, Mairolanhänger, er hatte, meine Dicke inspizierend, von seiner kleinen Clivie erzählt, daß sie zwölf Knospentriebe zeige. An meiner hingegen hatten wir keinen einzigen entdecken können.

Was soll man von einer Mutter halten, die ihre Kinder nicht augenblicklich vor Anwürfen und Herabsetzungen in Schutz nimmt? Ob rechtens

oder nicht, ganz egal. Ich hatte nichts gesagt. Ich hatte versagt. Ich hätte mich mit ausgebreiteten Flügeln vor den Blumentopf postieren und sagen können: Die blüht immer erst im September. Oder Weihnachten. Und das ist gut so.

Es ist die Liebe, die traurig macht, und darauf baut sich das Glück.

Die letzte Augustwoche hat angefangen. Korallenrot leuchtet eine Clivienblüte hinter dem Taxus. Ich hieve die Sackkarre aus dem Keller, die ich extra für den Clivientransfer angeschafft habe. Aus der Mitte der vielen Einzelpflanzen treiben viele spargelzarte Stengel, viele Knospen. Wo sind die Kleingläubigen, die Zweifler?

Clivia prangt auf der Terrasse. Eine in sich verschlungene starke Gemeinschaft im zersprungenen Topf. Ein teurer Siebziger. Die Legende sagt, sie sei ursprünglich ein Ableger einer Dekorationspflanze gewesen, die im Schaufenster eines Ludwigsfelder Fleischers zu Hause war. Das scheint nur natürlich, denn nach meinen Kindheitserfahrungen waren Fleischerladenfenster die Urheimat der Clivie. Dort, in altmodisch gefliesten Räumen, Schweinsköpfe und schwarze Rotwurstattrappen als Nachbarn, fühlten sie sich wohl, sie gediehen, einerlei ob Schatten, ob Sonne, dank Wischwasser und Abschabe vom Hauklotz sprossen zu jeder Jahreszeit kräftig orangefarbene Blüten. Zweite Heimat der Clivie waren die Fenster der Schneideräume im Spielfilmstudio. Auch meine hat ihre frühen und besten Jahre dort verbracht. Bis das Studio abgewickelt wurde und die Cutterinnen für ihre Pflanzen neue Unterkünfte finden mußten. Für die Clivie suchte man einen Garten, dazu eine Wohnung mit geräumigem, kühlem Winterquartier. Durch die vielen Rückübertragungsanträge für Grundstücke fing für die Clivie ein unruhiges Wanderleben an. Kaum hatte sie sich an einen Stand gewöhnt, hieß es für die Bewohner in eine kleinere Unterkunft, für die Clivie in ein neues, halbwegs zuträgliches Terrain umziehen. Fleischerladenschaufenster und Fenster von Schneideräumen, mit Filmstreifen am Galgen, ratternden Schneidetischen, Kaffeesatz zum Orakeln und Düngen und heißen Streitgesprächen, dicker Luft bis zur Rohschnittabnahme, konnten es leider sowieso nicht mehr sein. Beides gab es nicht mehr, und außerdem war die Clivie ein riesiger Klotz geworden. Also holte ich sie eines Tages aus dem

Garten guter Freunde, die nun ohne Grünzeug, mit einem einzigen sehr schlanken Säulenkaktus auf dem Balkon, im dritten Stock wohnten, in einem stabilen Fahrradanhänger zu mir.

In schlaflosen Nachtstunden denke ich darüber nach, wie ich sie im nächsten Frühjahr teilen, verpflanzen, verschenken könnte. Vorläufig wickle ich Draht um den zersprengten Topf, damit er wenigstens über Winter hält, vielleicht auch länger, gewiß noch Jahre, bis der Topf in Scherben fällt oder sonst etwa Rettendes geschieht.

BÜNDEL VON TROCKENEN AKELEISTENGELN und abgeblühten Lichtnelken liegen auf meinem Gartenstuhl. Die Nachbarin hat den Sommerflor zurückgeschnitten, sie hat mit der Arbeit zeitig im Jahr begonnen, damit ich mit dem Samen dieser Tage noch was anfangen kann.

Pinkleuchtende Lychnis chalcedonica, pastellfarbene Akeleien sollen nicht nur aus dem Nachbargarten zu mir herüberleuchten, ich plane in der Sichtachse ein Zwillingsbeet. Pink und Pastell künftighin hüben und drüben. Keine Symmetrie, aber vielleicht ein Gleichnis, denn wo etwas zweimal da ist, fragt man sich, warum. Man fragt sich nach dem Punkt in der Mitte, von dem aus sich viel im Leben bestimmen läßt.

Einen Platz hatte ich schon im Frühjahr in der Ecke zwischen den bodentief hängenden Zweigen der Buche und der Douglasie gerichtet, dort, wo die Morgensonne hinscheint. Gröbste Wurzeln ausgerissen, Komposterde gekarrt, die Maulwurfshügel und Huckel geebnet.

Mit einem freien Beet geht es ungefähr so wie mit einem neuen Bücherregal. Schnell und wie von allein wird der Platz besetzt.

Walddoronicum, Storchschnabel, Wegwarte, Salomons Siegel, bunte Lupinen, Schwertlilien, alles, was gehegt werden wollte und woanders keine Bleibe fand, wanderte über Sommer in diese Ecke. Abgeblühte Topfblumen flogen nicht mehr gleich auf den Kompost, Samen, die ich auf

Touren gesammelt hatte, mußten nicht eines Tages vergessen wie Krümeltabak aus der Jakkentasche gebürstet werden. Es war gut, ein vorbereitetes Beet zu haben. Manches hatte sich ohne mein Zutun angesiedelt. Schlüsselblumen, Königskerzen, Nachtviolen.

In Eile suche ich für die Beetbesetzer eine andere Bleibe. Hinter der Buche, Südwestlage, im Hochsommer am Nachmittag zwei Stunden volle Sonne, später Halbschatten. Den letzten Rest Kompost. Den Vierzinker, die Herrengrabegabel mit den vier Zinken, damit es ein bißchen vorwärts geht. Die Damengabel hat nur drei. Der Katalog von *Manufactum* unterscheidet das Werkzeug nach Geschlecht, ich nach Zahl der Zinken. Für die Gärtnerinnengeräte und -accessoires, Schürzen, Körbchen, Hüte, geblümte Handschuhe, bleibt keine Zeit.

Der Umzug muß schnell gehen. Die Saat muß in die Erde. Ich hoffe, daß wir einen günstigen Altweibersommer bekommen, damit der Samen bald keimt. Es wäre gut, wenn die Jungpflanzen kräftig in den Winter gingen, dann würden vielleicht schon im nächsten Sommer Akeleien und Lichtnelken bei mir blühen. Blumen, die zum Zwillingsbeet hinüber grüßen.

Milde Nächte, die letzten Da-Vinci-Rosen hängen blaß und schwer im zartfeinen Dauerregen, wochenlang Niesel, so daß man sich daran gewöhnt hat. Gummistiefel, Friesenjacke. Die Büsche triefen. Ringsherum prasseln Eicheln auf Garagen- und Schuppendächer.

Steinpilze, meine Nachbarin präsentiert mir ihre Ernte auf einem Tablett, fünf Bilderbuchexemplare, die unter der Birke gestanden haben, eindeutig drüben. Ich habe um meinen Rhododendronbusch ein paar Pfifferlinge gefunden, Preziosen auf einem Tellerlein.

Das Signal ist gegeben. Die Hauptsaison hat angefangen. Nun dürfen wir wieder neugierig sein. Die Fette Henne oder *Krause Glucke*, wie sie meine Nachbarin nennt, hat ihren Stammplatz, wie die anderen Pilze, aber die Henne wechselt, ein Jahr steht sie hier, das andere da, meist aber drüben. Noch zeigt sich auf meiner Seite am Fuß der Kiefer nichts. Noch ist ja Zeit. Gute, verheißungsvolle Zeit. Die Wetterleute im Fernsehen haben über Wochen um Vergebung bittende Mienen gemacht, weil sie den Freizeitmenschen so viel Regen melden mußten. Der Waldboden könnte aber noch mehr Wasser von oben vertragen. Nur langsam sickert die Feuchtigkeit durch das Moos. Regen ist gut. Die Nächte sind kühl, aber längst noch nicht kalt. Der Mond braucht höchstens noch eine Woche, dann ist er rund.

Vorboten in meinem Pilzwald. Ein Birkenpilz und ein paar Maronen. Im Garten stehen Waldchampignons, im Moos versteckt wachsen Brotpilze, unter der Buche eine Kolonie Tintlinge, Fliegenpilze zieren. Tellergroße Mehlpilze sind plötzlich da. Winzige Maggipilze.

Jeder, der mich in diesen Oktobertagen anruft, ist grade mit einem vollen Pilzkorb nach Hause gekommen. Sie wissen, was mich in die Schuhe bringt, was mich, einen sonst maulfaulen Telefonierer, schwatzhaft macht. Vernehmen mit tiefem Zweifel, woran ich glaube. Ich glaube an kein Wunder.

Kein Wunder, antworte ich, wenn sie ihre Beute vor meinem Neid ausgeschüttet haben, Wärme, Feuchtigkeit und Vollmond, da kommt der Pilz. Ich habe ein halbes Jahrhundert in unterschiedlichen Wäldern Erfahrungen gesammelt. Ich habe den Riesenträuschling selbst angebaut. In feuchtem Stroh und Erde. Vollmond muß sein. Daß Planet Mars in diesen Tagen dem Erdtrabanten immer näher auf die Pelle rückt, damit will ich nichts erklären. Das mag Zufall sein, aber die Korrespondenz des Vollmondes mit dem Erscheinen der Sporenträger des Myzeliums, das haben Mykologen gewiß unterdes wissenschaftlich bewiesen. Gravitation, Lichtquanten, Magnetfelder, man wird die Zusammenhänge physikalisch begründen können. Schwarz auf weiß habe ich die Bestätigung durch tüchtige Pilzberater. Sie haben die Beobachtungen ihrer Kollegen über dreißig

Jahre zusammengefaßt und mit Hilfe des Astronomie-Programms Ephemeriden per Computer ausgewertet. Die Sinuskurven beweisen: Das Maximum der den Beratern vorgelegten Pilze liegt etwa sechs Tage vor Vollmond.

Wir leben in einem Steinpilzjahr. Allein, was die Nachbarin auf ihrem Terrain aus dem Gebüsch holt. Und was wir später aus dem Wald nach Hause tragen. Wir finden so viel, daß uns die anderen Autos am Waldrand, die lauten Stimmen aus der Schonung, die Vorläufer, die früher aufgestanden sind als wir, nicht stören. Man grüßt, man überläßt dem anderen Sammler das Prachtstück, über das wir alle beinahe gestolpert wären.

Unser Korb ist schwer. Putzen, schneiden, trocknen. Am besten auf der Gaze der Fliegenfenster. Am besten in der Altweibersonne, denn die Regenwand ist weitergezogen, ein Hoch ist gekommen, ein Zwischenhoch namens Nadja.

Nadeln und Blätter fallen. Die Buche ist mit einer auffällig blonden Strähne in den Oktober gegangen. Die Farne werden braun. Die immergrünen Gehölze werden grüner im Herbst. Sumpfgrün der morgenländische Lebensbaum. In den niedrigen Koniferen stecken Nester aus buntem Laub.

An der altersschwachen Blaufichte ist Wilder Wein hinaufgekrochen. Aus den oberen Zweigen glänzen rote Blätter. Man entdeckt es erst jetzt, wo der Garten ringsherum licht und durchsichtig wird. Man hat überhaupt sehr viel übersehen im Garten. Das meiste, vor allem das, was an der richtigen Stelle steht. Das Richtige und Gute fällt nicht ins Auge, man entdeckt es durch Zufall. Wenn mal die Sonne darauf scheint. Im Spätlicht. Veränderungen hinter meinem Rücken.

Ein schwächlicher Rhododendron japonicum hat sich für einen Buchsbaum, der vor ein paar Jahren zu seinem Halt gepflanzt worden war, zum kräftigen Stützbusch entwickelt. Der Buxus pyramidalis hängt nun anlehnungsbedürftig im dichten Geäst. Es war anders gedacht, aber macht, wie ihr wollt. Der Lindenbaum mit seinem Quellgeheimnis im Fuß hat als erster sehr eilig das Laub abgeworfen, damit offenbart sich, daß er es ist, der im Hilfsverbund mit den Kiefern in unserem Garten den Himmel abstützt. Mit drei gleich starken, grün schattierten Säulen, die aus dem wuchtigen Hauptstamm nach oben streben, tonnentragendes Gebälk, dicke Äste, die innen weiß und fügsam sind. Lignum sanctum. Holz für Heiligenfiguren, Rührlöffel, Holzschuhe. So viel Geheimnisse stecken in unserem Lindenbaum. Aber sollte man sie verraten?

Pflanzen, die zum Übersommern im Freien stehen, müssen ins Haus. Zum Überwintern. Im Frühjahr fragen wir uns, wohin im Garten, im Herbst fragen wir, wohin im Haus. Die Zimmertanne zum Beispiel. Grünzeug, das eigentlich keine richtige Saison hat. Weder im Haus noch im Garten, weder im Sommer noch im Winter. Es muß immer nur untergebracht werden. Man sucht einen Gartenwinkel, wo der Topf am wenigsten stört. Was will eine Palme im märkischen Mischwald? Die Wedel hängen voll Kiefernnadeln, sind klebrig von heruntertropfendem Harz. Der Oleander hätte eigentlich in voller Sonne stehen müssen. Die konnte ich leider nicht bieten. Wir haben ihm den besten Platz gegeben, so daß er wenigstens im August ein paar Blüten fertiggebracht hat. Im Winter drängeln sich all die kälteempfindlichen Pflanzen, die gestutzten Fuchsien, Pelargonien, die Kiste mit den Dahlienknollen in der Veranda, manchmal nennen wir diesen frostgeschützten Raum sogar Wintergarten. Im Sommer, wenn es regnet, habe ich darin meine liebste Ecke, aber nun braucht der Speckbaum meinen Stuhl, der Tisch ist von Kakteen besetzt, Begonien sind in diesem Jahr dazugekommen, Pflanzen, die sich überwintern lassen, nicht nur eine Melisse, sondern drei gut im Laub stehende Exemplare sind im Sommer unter freiem Himmel herangewachsen und brauchen im Winter eine frostfreie Unterkunft. Die Hortensien müssen in diesem Jahr draußen bleiben. Ich werde für eine schützende Laubdecke sorgen. Woanders wird es ja auch so gemacht. Man errichtet eine Art Miete. Längst plagt mich Sorge, was aus der Passiflora über Winter werden soll. Sie hat sich über die Hauswand, über Fensterläden und Stuhllehnen ausgebreitet und blüht zum Herzerweichen in die Novembertage hinein. Bettelt um südliche Tage.

Steht im November noch das Buchenholz im Saft,
So wird der Regen stärker als der Sonne Kraft,
Ist es aber starr und fest.
Sich große Kälte erwarten läßt.

Man muß um Allerheiligen einen Buchenspan schlagen.

Starr und fest oder biegsam, wie man den Zustand des Holzes auch auslegen mag, noch ist der Nachtfrost nicht ins Flachland gekommen.

Winterastern, Dahlien, Cosmeen, Rosen behalten ihre letzten Blüten. Mücken spielen vor der Conica, eigentlich eine Zuckerhutfichte, die sich bei uns aber von Anfang an krummgelegt hat und damit vielmehr einem Gugelhupf ähnelt. Das Rotkehlchen springt in den Zweigen, neugierig, auf der Suche nach dem Futterhaus. Es müßte längst aufgebaut sein. Der Kalender eilt, während der Garten verweilt, die dritte Jahreszeit scheint stillzustehen. Taxusbeeren für die Drosselvögel, Disteln, trockener Beifuß für Finken und Hänflinge. In der Eiche hängt immer noch Laub.

Barbaratag. Wir schonen den armen Kirschbaum mit seinen dürren Ästen, seinen kränklichen Kirschgummitränen. Forsythien tun es auch. Sie taugen zum Beweis, daß die Zeit gekommen ist. Der November war grau und lang genug, um die Blühhemmstoffe in Bäumen und Sträuchern abzubauen. Wir müssen nur mit unserer warmen Stube ein wenig helfen. Pünktlich zu Weihnachten fängt die Blumenzeit wieder an.

In einer Vase mit sonnengelben Forsythienzweigen.

Man sitzt hinter dem Fenster, sieht über die Blüten hinweg in den zögernd fallenden Schnee.

Ein naturwissenschaftlicher Baum des Lebens soll errichtet werden. In etwa zwanzig, fünfundzwanzig Jahren wird er fertig sein. Er soll alle auf unserem Planeten existierenden Lebewesen, ihre Genomen und ihre Verwandtschaftsverhältnissen enthalten. Bis jetzt sind ca. 1,5 Millionen Arten bekannt. Es gibt aber vielleicht 100 Millionen. Auch in meinem Garten unter dem Schnee leben die Unerkannten und Namenlosen. Systematiker, Taxonomen von Linnéscher Hellsichtigkeit, von seinem Eifer werden wieder gesuchte Leute sein. Sammler, Feldbiologen, Herbalisten, aufmerksame Beobachter mit Kinderseele. Denn es ist eigentlich paradox: Während Wissenschaftler in breiter Front in die Tiefen des Genoms vordringen, gibt es nur noch wenige, die schlicht und einfach Pflanzen oder Schmetterlinge bestimmen können. Der Biologe im Radio will es ein wenig scherzhaft sagen: Taxonomen gehören heute zur *vom Aussterben bedrohten Art*. Apparate und Datenträger warten: das World Wide Web, für jede Art auf unserer Erde eine Internet-Seite. Von den Bakterien bis zum Wal, vom Nordpol zum Südpol und irgendwo in der Mitte die Eibe mit den roten Beeren, die zänkischen Amseln, das vollständige Inventar meines märkischen Gartens.

Quellennachweis

9, 106 Rudolf Borchardt, *Der leidenschaftliche Gärtner*, Verlag Franz Greno, 1987

39 Carl von Linné, *Nemesis Divina*, aus: *Meinem einzigen Sohn*, Hanser Verlag, 1981

55 Johann Wolfgang von Goethe, *Versuch, die Metamorphose der Pflanze zu erklären*, *Goethes Werke*. Hamburger Ausgabe, Band 13, Christian Wegner Verlag, Hamburg 1955

69 Karl Förster, *Ein Garten der Erinnerung*, L & H Verlag, 2001

83, 85 Karl von Weber, *Anna Churfürstin zu Sachsen*, Leipzig, 1865

127 U. u. F. Hirschmann, *Unser Mond und sein Einfluß auf die Pilzwelt*, in: *Natur und Mensch*, Heft 1999

130 Doris Laudert, *Mythos Baum*, BLV Verlagsgesellschaft mbH, München, 1998

Dank

Ich danke meinen kundigen und geduldigen Ratgebern: Waltraud und Heinfried Laufersweiler, Berlin, Herrn Professor Wilhelm Barthlott, Bonn, und meiner lieben Frau Nachbarin Susanna Schwerdtfeger

H. Sch.

Bildverzeichnis

40	Rhododendron obtusum (Sommergrüne Azalea), an der Wand Glycine/Wisteria
44/45	Teich im Nachbargarten, Iris pseudacorus (Scheinkalmus), Lythrum salicaria (Blutweiderich)
47	Campanula persicifolia (Glockenblume)
49	Lilium, Orienthybriden
50	Tilia (Linde) mit Gartenschnirkelschnecke
51	Rose, Leonardo da Vinci
53	Taxussämling, (Eibe), Lamium galeobdolon (Goldnessel) und Maiglöckchenlaub
56/57	Steingarten, Immergrüne Gehölze, Athyrium filix femina (Frauenfarn), Dryopteris filix mas (Wurmfarn), Cosmos bipinnatus (Schmuckkörbchen), Phlox (Flammenblume)
58	Hochsommer
61	Kiefern, Birken, Rhododendron
62	Hauswand mit sparsam blühender Glycine/Wisteria (Blauregen)
65	Roter Fruchtstand des Maiglöckchens, Erika, Geranium
67	Tomatenernte, Laub der Passiflora
69	Phlox, Polygonum affine (Knöterich)
70	Mahonia aquifolium (Mahonie)
71	Mahonie mit Früchten
72	Cotoneaster horizontalis (Steinmispel)
74	Lilium bulbiferum (Feuerlilien), Bergenienlaub
78/79	Birke, Cerastium caespitosum (Schlafmützchen/Hornkraut), Kerria japonica (Ranunkelstrauch)

81	Aegopodium podagraria (Giersch)
83	Ilex (Stechpalme)
84	Campanula persicifolia (Glockenblume) vor kleinem Kirschbaum
87	Campanula
88	Lilium, Orienthybriden
90	Lilium
92/93	Blick zum Nachbargarten, Rudbeckia hirta (Sonnenhut), Impatiens balsamina (Fleißiges Lieschen), Heliopsis scabra (Sonnenauge)
95	Lobelia (Lobelie) und ein Geranium-Steckling (Storchschnabel) aus Sizilien
96	Bunte Töpfe
98	Aster dumosus
99	Cosmos bipinnatus (Schmuckkörbchen)
100	Cosmos bipinnatus (Schmuckkörbchen)
103	Hydrangea hortensis (Hortensie), Rudbeckia laciniata (Sonnenhut)
104/105	Nach der Blüte Geranium, Lamium, Doronicum, daneben Farn, dahinter Abies grandis und Fagus sylvatica
107	Hydrangea hortensis (Hortensie)
110/111	Dryopteris filix mas (Wurmfarn), Betula verrucosa (Birke) und bodenbedeckende Fagus sylvatica (Rotbuche)
113	Convallaria majalis (Maiglöckchen) unter Thuja occidentalis (Lebensbaum)
115	Tulipa gesneriana, Ballerina

ISBN 3-351-02939-X

1. Auflage 2002

Gesamtgestaltung Therese Schneider
Litho LVD Gesellschaft für Datenverarbeitung mbH
Druck und Binden Druckhaus Gera
Printed in Germany

www.aufbau-verlag.de

Eva Maaser

Der Paradiesgarten

Roman

Mit 14 Zeichnungen
von Eva Maaser
und Johannes Seiters

694 Seiten. Gebunden
Leseband
ISBN 3-352-00577-X

Was »Sophies Welt« für die Geschichte der Philosophie, ist Eva Maasers »Paradiesgarten« für die Geschichte der Gartenkunst: eine ebenso fundierte wie sinnlich erlebbare Zeitreise durch die Gärten der Welt.

Der junge Christoph, voller Sehnsucht nach dem Garten Eden, macht sich um 1200 auf die Suche nach jenem paradiesischen Ort. Auf abenteuerlichen Wegen gelangt er vom Tegernsee über Konstantinopel bis Kairo und nach Bagdad. Ein Fluch scheint über ihm zu liegen, denn er wird aus seiner Zeit gerissen, um als Gärtner durch die Jahrhunderte zu wandern: Seine phantastische Suche setzt er in den legendären Gärten von Granada, Italien und Versailles fort, bis er endlich in England seinem Mysterium auf die Spur kommt.

»Ein Roman über Gewalt und Gartenkunst von Orient bis Okzident – nicht nur für Leserinnen mit grünem Daumen.«

Für Sie

Rütten & Loening

Eva Strittmatter
Erwin Strittmatter

Du liebes Grün

Ein Garten- und Jahreszeitenbuch

Mit 80 Fotos von Lennart Fischer und Rainer J. Fischer

160 Seiten. Gebunden
ISBN 3-351-02879-2

Zum erstenmal vereint dieser poetische Band Texte von Eva und Erwin Strittmatter: Gedichte, Kurzgeschichten und Reflexionen stehen im Dialog mit 80 eindrücklichen Fotografien von der herben Schönheit der Niederlausitz und der Gegend um Schulzenhof .

»Eva und Erwin Strittmatter schrieben über das Sein mit und in der Natur. Sie schrieben entgegen der Zeit, sie halten den einen, einzigen Augenblick fest, in dem der Mensch den ›Sitz seiner Sehnsucht‹ gewahr wird. Sie entdecken die Einmaligkeit in der ständigen Wiederkehr, Süße und Bitternis.«

Berliner Zeitung

Aufbau-Verlag